Stephanie Nadine Meißner

Pferdegerechter UMGANG

Die Bedürfnisse und das Wesen des Pferdes im Fokus

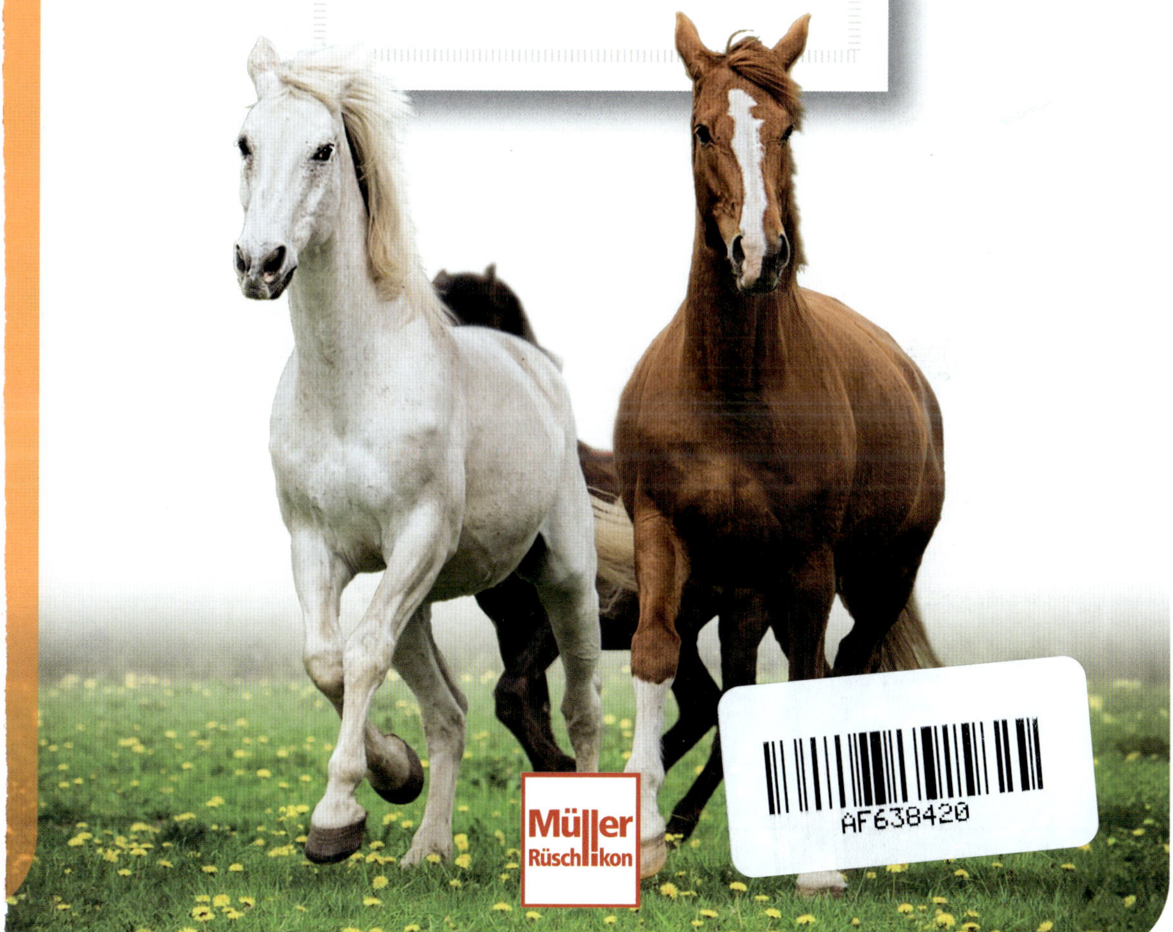

Müller Rüschlikon

IMPRESSUM

Einbandgestaltung: R2 I Ravenstein, Verden
Titelbild: © Rita_Kochmarjova/Shutterstock.com
Bildnachweis:
Andrea Brandt: S.15 oben rechts · Kerstin Diacont und Archiv Diacont: S. 4, 16, 52, 60, 70, 75, Rückseite · Susa Golbik: S. 59 · Konrad Griephan: S. 34, 35 · Anne Höfer-Meißner: S. 87 · Julia Klein: S.15 oben links · Bert Michalk: S. 85 · Yvette Rosyn: S. 20, 24, 25, 29, 43 unten, 45 rechts, 71, 73 links, 74 unten, 78, 94 · Lisa Tietze-Herold: S.15 unten rechts, 82 · Lisa Sbitnew: S. 9 oben links · Alle anderen Fotos stammen von der Autorin
Alle Grafiken wurden nach Skizzen von Stephanie Nadine Meißner von Kerstin Diacont erstellt.

ISBN 978-3-275-02322-6

Postfach 103743, 70032 Stuttgart
Ein Unternehmen der Paul Pietsch Verlage GmbH & Co. KG

1. Auflage 2024

Sie finden uns im Internet unter www.mueller-rueschlikon-verlag.de

Gesamtleitung: Claudia König
Innengestaltung: Kerstin Diacont
Druck und Bindung: DZS GRAFIK d.o.o, 1210 Ljubljana
Printed in Slovenia

INHALT

TEIL 1
PFERDE-GERECHTes HANDELN 4

1. Einstieg in PFERDE-GERECHTes Handeln 5
2. Ein auf Verhaltens- und Lernpsychologie basierender Ansatz 5
3. Über das Lernen 16
4. Vorbereitung einer Arbeitseinheit 28
5. Bodenarbeit beginnt bei der ersten Begegnung 30
6. Am Boden wird gesät 34
7. ... beim Reiten wird geerntet 52
8. Tabuthema: Angst 61

TEIL 2
SELBSTHILFE 70

Hier findest du alle Abbildungen aus dem Buch zum Download 71
Checklisten 71
Übungen 78
Ideen 85
Gedanken 88

ANHANG 92

Danksagung 93

Autorenporträt 94

»Wenn dein Pferd einen Fehler macht, so suche die Ursache bei dir. Und solltest du sie nicht finden, dann suche gründlicher!«
Egon von Neindorff (1923–2004)

Widmung

Für 60.000 gefangene Mustangs, die ein PFERDE-GERECHTes Zuhause suchen und für alle anderen Pferde in Menschenhand.

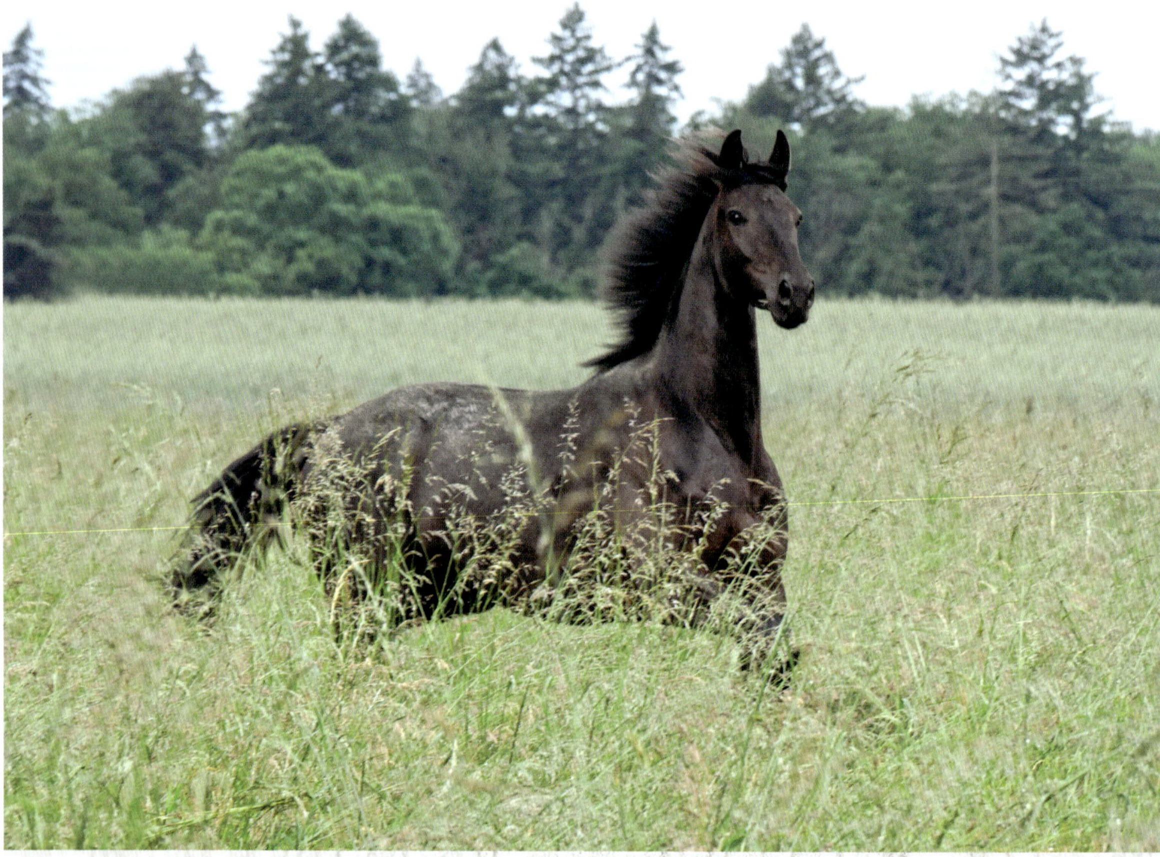

Teil 1
PFERDE-GERECHTes Handeln

1. Einstieg in PFERDE-GERECHTes Denken und Handeln

Beim PFERDE-GERECHTen Umgang mit dem Partner Pferd geht es nicht nur um unser Wissen und Können, sondern auch um die Auseinandersetzung mit uns selbst. Unsere jeweilige Gefühlslage hat einen enormen Einfluss auf unsere Kommunikation. Selbst wenn wir denken, dass unser Pferd unsere Stimmung nicht bemerken würde, ist dem nicht so. Nach A. Merabian teilen wir Menschen uns zu 55 %(!) über unsere Körpersprache und zu 38 % über Stimme und Tonfall mit. Lediglich 7 % unserer Mitteilungen erfolgen auf der inhaltlichen Ebene. Das gesprochene Wort können wir bewusst beeinflussen, doch die Mitteilungen unseres Körpers laufen meistens unbewusst ab.
Menschliche Handlungen haben zwei unterschiedliche Motive: Liebe oder Angst.
PFERDE-GERECHT bedeutet, das eigene Wissen über Pferde zu vertiefen und gleichzeitig unseren handlungsleitenden Gefühlen und Bedürfnissen auf den Grund zu gehen und uns mit diesen auseinanderzusetzen.
Diesem Anspruch können wir auf den folgenden Seiten näherkommen.

Möge meine Arbeit den Menschen dienen, eine harmonische Verbindung zu ihrem Pferd aufzubauen und den Pferden helfen, von uns Menschen besser verstanden zu werden!

2. Ein auf Verhaltens- und Lernpsychologie basierender Ansatz

Um (Pferde) zu führen, braucht es Klarheit und Zielorientierung, bei uns Menschen zusätzlich Bewusstheit.
Wird uns Unklarheit und Ziellosigkeit bewusst, sollten wir schauen, ob wir mental überhaupt ›anwesend‹ sind. Wenn wir nicht ›da‹ sind, sondern bei irgendwelchen Problemen des Alltags festhängen, können wir unserem Pferd nicht die Sicherheit vermitteln, die es braucht, um sich uns aus seiner Sicht gefahrlos anzuschließen. Es fehlt

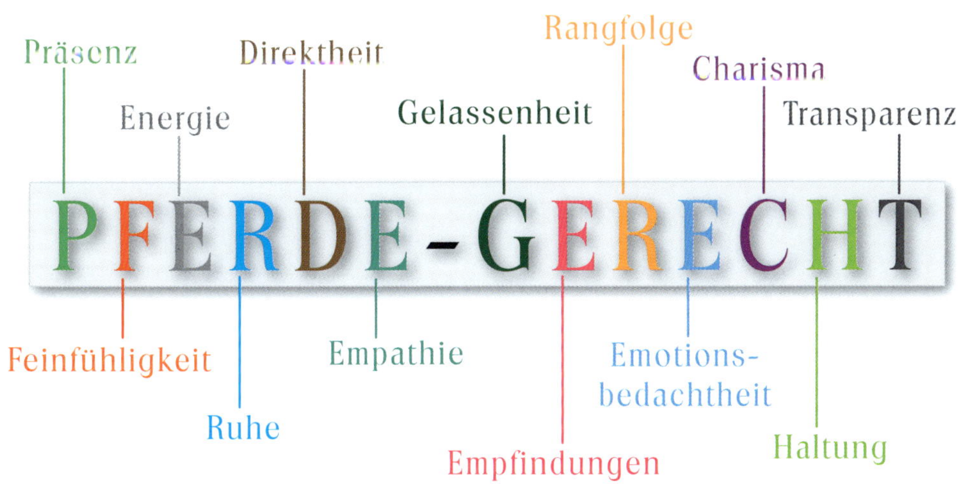

unsere Präsenz. Wieso diese Präsenz so wichtig ist, erfahren wir in den Kapiteln über die Bedürfnisse und das Wesen der Pferde.
Pferdeleute bekommen meistens dann Schwierigkeiten, wenn sie entweder mit besonders ängstlichen oder mit selbstbewussten Tieren arbeiten, die selbst führen wollen. Arbeitet ein Mensch jedoch nicht zunächst an sich selbst und seiner Wirkung, ergeben sich aus den ersten kleineren Schwierigkeiten nach und nach immer größere. Das nötige Handwerkszeug für diese Arbeit an sich selbst und zur Beantwortung der Frage nach dem ›Wie‹ lernen wir auf der Reise durch die folgenden Seiten kennen. Gleichzeitig beantwortet sich die Frage, wie wir Pferdemenschen sein sollten, damit wir in den Augen unserer skeptischen pferdischen Partner verlässlich erscheinen und die Führungsrolle verdient übernehmen dürfen.

Daher beginnen wir unseren Weg mit den handlungsleitenden Grundbedürfnissen der Pferde im nächsten und der Rollenbesetzung in der ursprünglichen Herde bzw. Pferdefamilie im übernächsten Unterkapitel.

Aus den Bedürfnissen und Familienstrukturen ergeben sich einige Herausforderungen für den Umgang mit unseren geliebten Vierbeinern, die im 3. Kapitel thematisiert werden. Es ist wichtig, genau zu wissen, mit welchen Signalen man Verhalten unterstützen und wie man unerwünschtes Verhalten wieder hemmen kann. Wer weiß, wie Lernen und Verlernen funktioniert, ist klar im Vorteil. Daher beschäftigen wir uns mit lernpsychologischen Hintergründen und deren praktische Anwendungen.

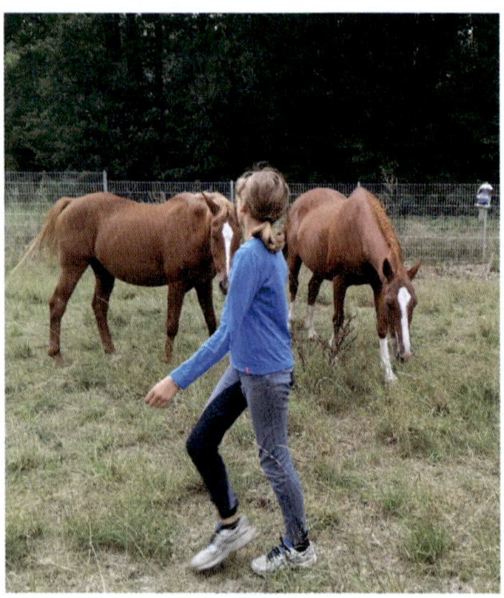
Freiarbeit mit mehreren Pferden wird durch Kenntnisse über das Verhalten und das Lernen sowie durch die Umsetzung der Pferdesprache möglich.

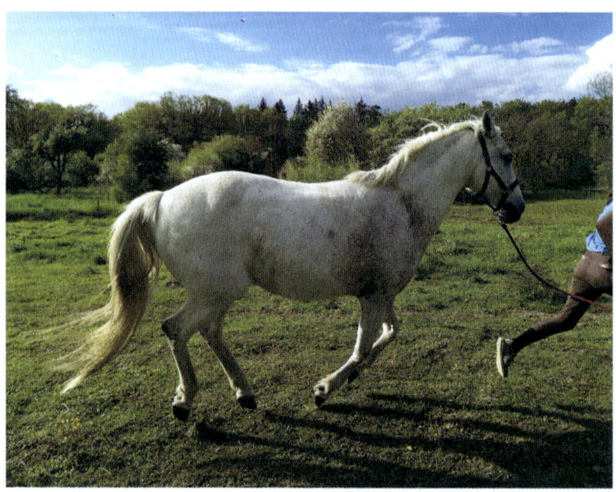
Dajin folgt dem Menschen. Würde er die Ohren noch weiter anlegen, den Kopf tiefer tragen und gleichzeitig einen lang gestreckten Hals von unten nach oben in Richtung Mensch bewegen, wäre er in der treibenden Rolle.

Tiere kommunizieren über ihren Körper. Wenn wir das imitieren wollen, um uns so sanfter verständlich machen zu können, sollten wir lernen, unseren eigenen Körperausdruck genauer wahrzunehmen. Mit Hilfe dieser Kenntnis können wir unsere Körpersprache gezielt dahingehend steuern, dass wir PFERDE-GERECHT kommunizieren. Die Bewusstwerdung der eigenen Körpersprache unterstützt die Entwicklung des Selbstbewusstseins. Das Pferd wird gerne als Medium genutzt, um die innere Haltung von Führungskräften in Richtung ›verantwortungsvoller Umgang mit der gegebenen Macht‹ zu trainieren oder das Selbstvertrauen junger Menschen mit und ohne Beeinträchtigungen zu stärken.
In den darauffolgenden vier handlungsorientierten Kapiteln lernen wir die Möglichkeiten der PFERDE-GERECHTEN Kommunikation kennen, die uns die Imitation des Pferdeverhaltens bietet. Erweitert wird das Repertoire durch Checklisten und einiges mehr, die im II. Teil zu finden sind.

Wie wir sehen werden, ist eine unserer Hauptaufgaben, dem Pferd Sicherheit zu vermitteln. Sorge und Angst sind die Phänomene, welche der Sicherheit entgegenstehen. Nur wenn wir das Gefühl der Angst einmal wertschätzend betrachten, kann die Angst ihre hemmende Wirkung verlieren. Daher ist der Angst das 8. Kapitel vor dem Teil mit Anleitungen zur Selbsthilfe gewidmet.

2.1. Die Bedürfnisse der Pferde

Maslow versuchte hierarchisch darzustellen, welche Bedürfnisse wann die Handlungsmotivation eines Menschen beeinflussen. Diese Herangehensweise eignet sich auch für unsere Pferde. Ist ein wichtiges Bedürfnis nicht erfüllt, wird das zum momentanen Leitmotiv des Pferdes. Umso wichtiger ist es für uns, die Bedürfnisse zu kennen und deren Befriedigung zu überprüfen und sicherzustellen.

Bei den meisten Lebewesen, von Regenwürmern bis zu den Homo sapiens, sind die Grundbedürfnisse gleich: Wir brauchen möglichst saubere, sauerstoffhaltige Luft zum Atmen und genügend schadstoffarmes Wasser, unsere jeweilige Nahrung, ausreichend Bewegung, mal kürzere, mal ausgiebigere Ruhephasen zur Regeneration und neue Generationen erzeugende Fortpflanzung zur Erhaltung bzw. Weiterentwicklung der Art.
Bei Pferden und Menschen spielen höher entwickelte Bedürfnisse, wie das Bedürfnis nach sozialen Beziehungen, eine Rolle. Die Anwesenheit anderer Pferde bzw. Menschen bietet zum einen körperliche und zum anderen seelische Sicherheit. Die Eingebundenheit in eine Gemeinschaft ermöglicht den Schutz durch die Herde sowie beziehungsförderlichen Körperkontakt. Pferde sind Fluchttiere, die sich Sicherungsaufgaben teilen. So wird man in einer ruhenden Herde fast nie ausschließlich liegende Tiere beobachten.

Daraus ergeben sich Ansprüche der Pferde an Haltungs- und Ernährungsbedingungen. Jedem Pferdemenschen sollte bewusst sein, dass unbefriedigte Grundbedürfnisse körperlichen und seelischen Stress erzeugen und somit das Pferdeverhalten mit beeinflussen können. Wenn wir mit Pferden arbeiten möchten, ist es in der gemeinsamen Zeit unsere Aufgabe, im Rahmen der Aufgabenteilung in einer Herde, dem Pferd Sicherheit zu bieten!

Können wir dies nicht, übernimmt ziemlich schnell das Pferd auf seine Weise die Führung. Diese Art der Führung entspricht der Art der Kommunikation der Pferde untereinander und kann für uns Menschen vom leicht nervigen Anhalten und Nicht-weiter-Wollen bis zum wirklich gefährlichen Durchgehen oder einem ungewollten ›Seitensprung‹ ins Unterholz reichen.

Aufgabe:

Welche Grundbedürfnisse eines Pferdes kennst du?

Die Antwort findest du im Anhang.

Bedürfnispyramide nach Maslow

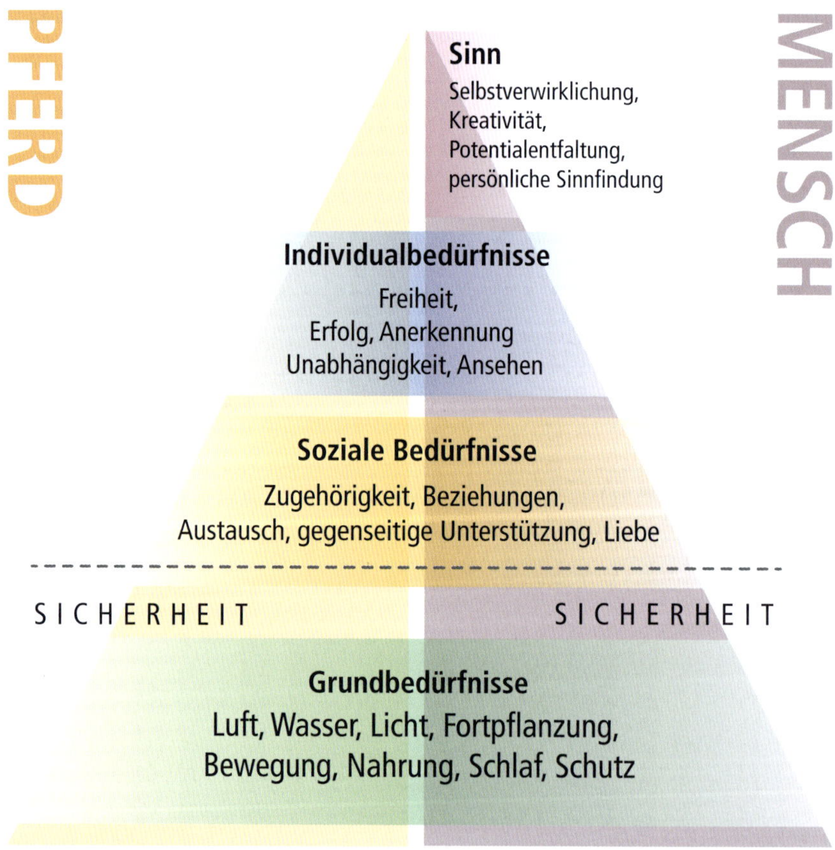

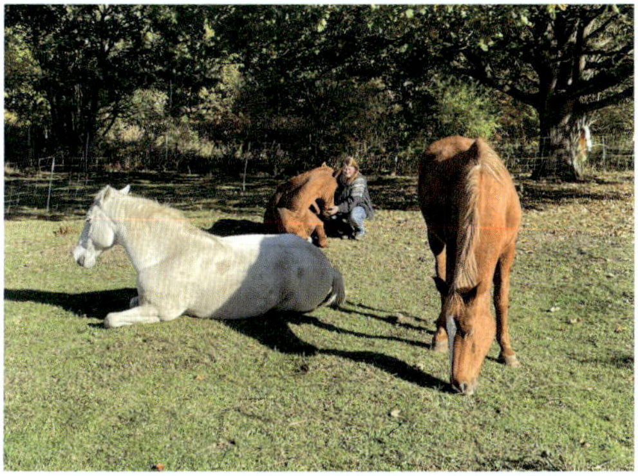

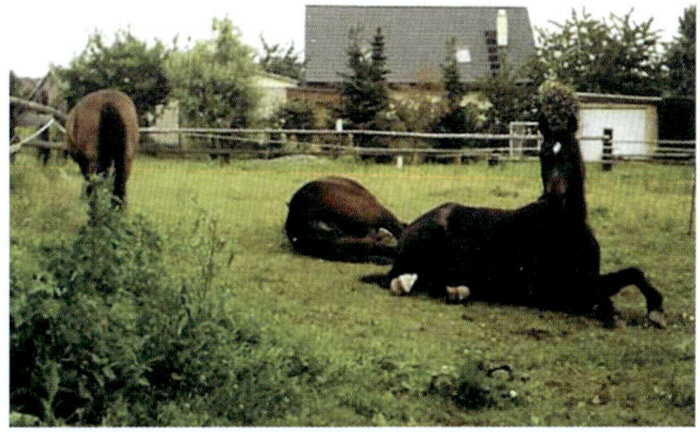

In ruhenden Herden, die naturnah auf größeren Arealen leben, bleibt ein Pferd stehen. Obwohl es Nahrung aufnimmt oder entspannt, registriert es alle Veränderungen und schätzt mögliche Gefahren ab.

Wilde Familie in der Schorfheide – die Leitstute kommt neugierig näher, gefolgt von einer Jungstute. Der Hengst bleibt sichernd im Hintergrund, hat aber alles genau im Blick. Wenn es gefährlich für seine Familie werden würde, würde er angreifen.

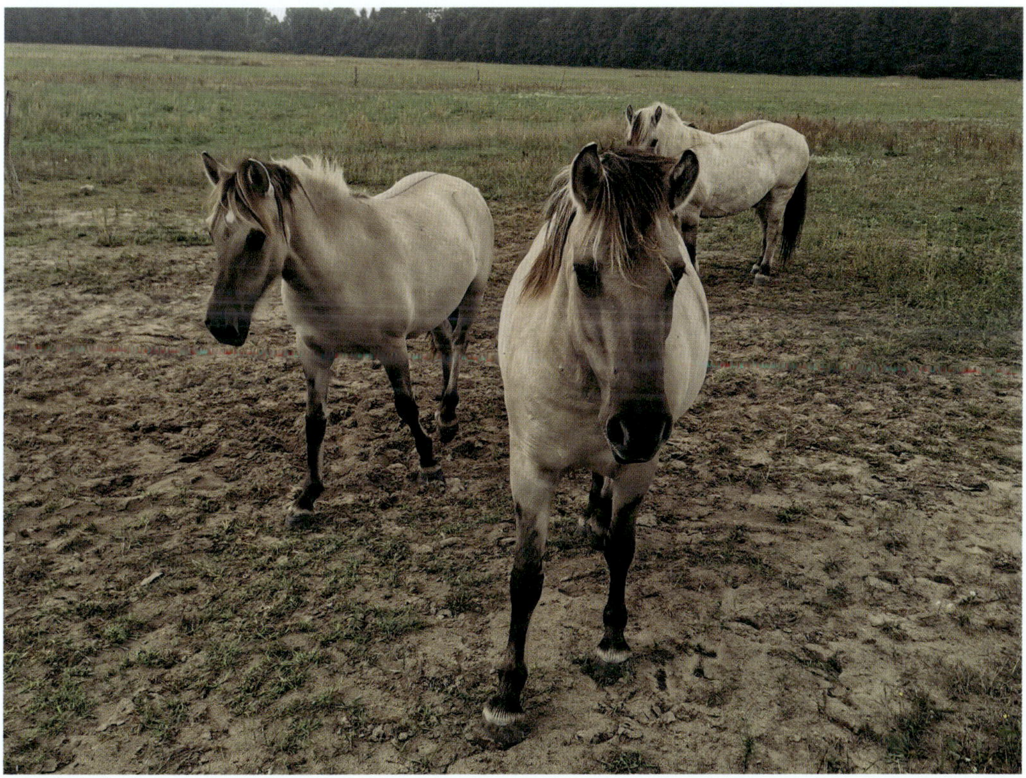

2.2. Vom Wesen der Pferde

Pferde sind pflanzenfressende Steppentiere, die in kleinen Familien innerhalb lockerer Herden zusammenleben und ihr Leben lang der Befriedigung ihrer unter 2.1 dargestellten Bedürfnisse nachgehen. Biologisch sind sie ›Nestflüchter‹, während wir Menschen sogenannte ›Nesthocker‹ sind. Das bedeutet, dass Pferde von Anfang an selbstständig sind, während wir lange von unseren Müttern versorgt werden müssen. Ihr Kuschelbedürfnis hält sich im Gegensatz zu uns Menschen dementsprechend in Grenzen. Als Fluchttiere haben sie immer nur kurz Körperkontakt zueinander.

Meist lebt ein erwachsener Hengst mit einer oder mehreren Stuten und deren Nachkommen. Mit ihnen gründet er eine soziale Familie. Der Hengst bestimmt die Richtung, sichert seine Gruppe rundherum, vorwiegend aber seitlich und nach hinten ab, setzt sich mit anderen Hengsten auseinander, jagt die Junghengstgruppen von dannen, versucht von Zeit zu Zeit seinen Verband um einige Stuten zu vergrößern, spielt mit den Fohlen und Jährlingen. Er ist aufmerksam, wachsam, sehr präsent und willensstark.

Oft führt eine ältere, erfahrene Stute den Familienverband an. Sie behält das vor ihnen liegende Terrain im Blick, entscheidet über das Tempo, geht meistens als erste an ein Wasserloch. Sie sichert somit ihre Familie auf eher passive Weise nach vorne. Sie wirkt präsent und geerdet, also ruhig und sicher. Ihr folgen, wenn alle überlebt haben, das vorjährige und das diesjährige Fohlen. Stutfohlen bleiben häufig länger in der Familie als Hengstfohlen. Das hängt mit dem Eintritt der Fruchtbarkeit zusammen und sichert die genetische Vielfältigkeit und damit das Überleben der Art.

Junghengste finden sich in gleichgeschlechtlichen Verbänden zusammen, in denen sie neben der Nahrungsaufnahme vorwiegend die Fähigkeiten trainieren, die ihnen selbst bald die Gründung einer Familie ermöglichen sollen.

Wildpferde auf einer Koppel – Leitstute und Jungpferd stehen deutlich näher zusammen, während der Hengst auch hier seine Familie nach hinten hin absichert.

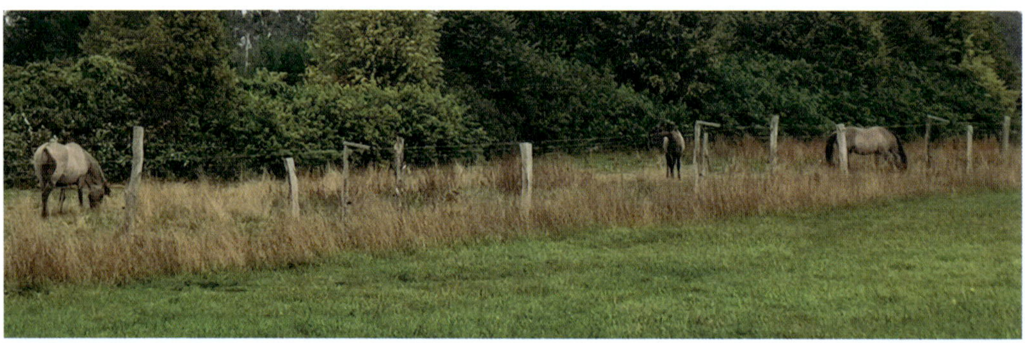

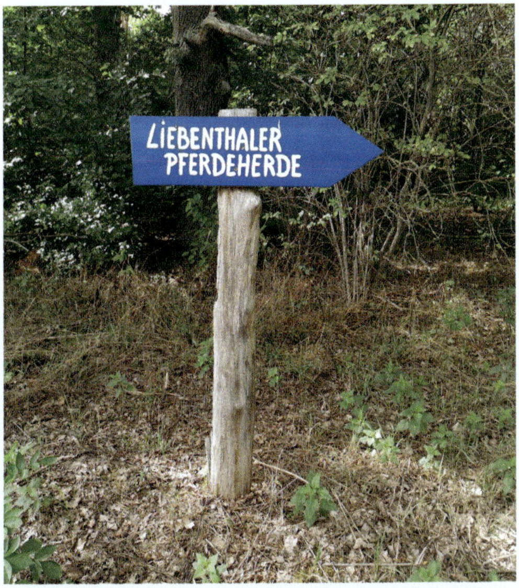

Hinweisschilder führen zur Wildpferde-Herde.

Wir können das auf das Überleben ausgerichtete Verhaltenstraining von Geburt an beobachten. Besonders schön ist es anzusehen, wenn die Fohlen miteinander spielerisch lernen. Da schlägt jedes Pferdeliebhaberherz einfach höher.
Auch wenn keine Familie intern einer anderen gleicht, lässt sich zusammenfassend sagen:

Pferde kommunizieren untereinander durch

- die Energie in ihren Aktionen und die Körperspannung
- die Abstände und Stellungen zueinander
- die verschiedensten Atmungen
- die Haltung von Kopf, Hals und Schweif
- die Stellung der Ohren
- feinere Signale in den Augen, Nasen- und Maulpartien
- Geräusche und nicht zuletzt
- Gerüche

Aufgabe:
Bezogen auf eine PFERDE-GERECHTE Kommunikation sollten wir Menschen zwei Rollen übernehmen und das Verhaltensrepertoire der jeweiligen Rolle imitieren können, um unserem Pferd Sicherheit zu vermitteln.
Welche Rollen solltest du in der Arbeit mit deinem Pferd ausfüllen können?
Die Antwort findest du im Anhang.

Tipp: Ich empfehle, die noch halbwegs wild lebenden Pferde in der Schorfheide oder der Dülmener Heide zu besuchen oder alternativ die Möglichkeiten des Internets zu nutzen und sich frei lebende Wildpferde in der Puszta in Bosnien oder Mustangs in Nordamerika anzusehen. Dabei sollte man das Augenmerk unbedingt auf ihre Körpersignale, ihren Energieeinsatz, die Abstände, die Stellungen der Schultern usw. in den unterschiedlichen Situationen richten. Wenn wir viel wertfrei und offen beobachten, schulen wir unseren Blick für Details und Zusammenhänge und können somit das Wesen unserer Pferde besser verstehen.

2.3. Stress fängt bei der Haltung an

Da wir uns nun nochmal bewusst gemacht haben, welche Bedürfnisse Pferde haben und wie sie zusammenleben würden, können wir einen Vergleich zu den von Menschenhand zusammengestellten Gruppen auf Koppeln, Ausläufen und Paddocks anstellen. Freies Leben bedeutet auch Stress, aber der kann eben auf natürliche Weise, z.B. durch die Bewegungsmöglichkeiten und Wahlfreiheit wieder abgebaut werden. Pferde in

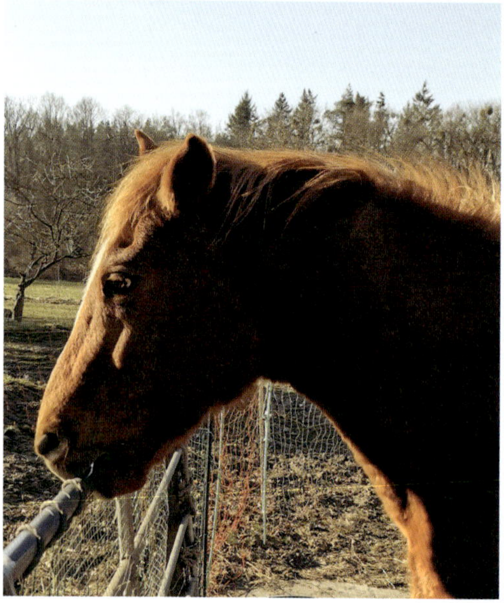

Navaron beim Koppen – eine durch grobe Haltungsfehler verursachte Verhaltensstörung, die in Weidehaltung deutlich nachließ. Nach Kraftfuttergabe oder Nascherei betreibt er immer noch das Aufsetzen. Andere Pferde schauen sich das nicht ab, da Pferde nicht durch Nachahmung lernen!

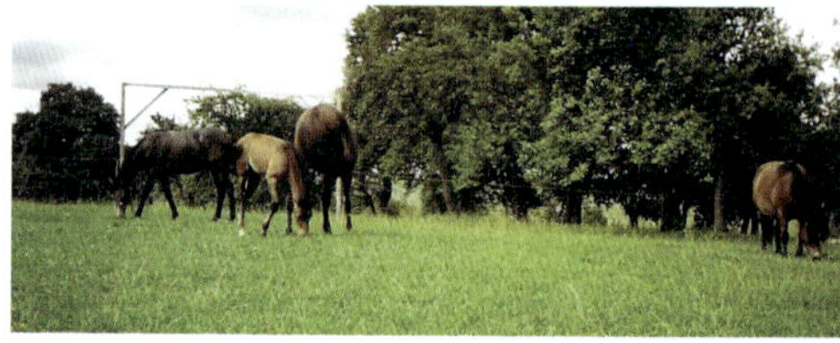

Wie in der Wildpferdeherde kann das gleiche Familienverhalten in der durch Menschenhand zusammengestellten Pferdefamilie beobachtet werden: Stute Gemma mit ihrem Fohlen Rashad, dem adoptierten Jährling Dajin und etwas abseits ›Papa‹ Knopf.

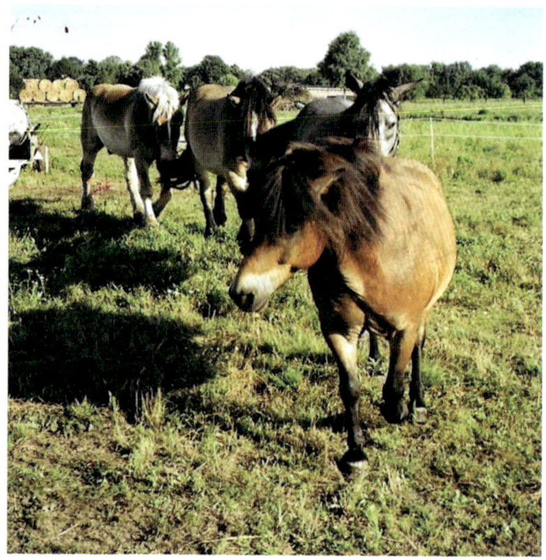

In der freien Wildbahn wie auch in Weidehaltung finden sich männliche Jungpferde, die Bachelors, zusammen und trainieren ihre Fähigkeiten

ungünstigen Konstellationen können manchmal ihren Stress nicht adäquat reduzieren und zeigen dann psychosomatische Symptome oder Verhaltensauffälligkeiten.

Störungen im Verhalten können verschiedenste Ursachen haben. Auf Ursachen wie Hirntumore, genetische Defekte usw. gehe ich hier nicht ein. Ich definiere lediglich ›Koppen‹ und ›Weben‹ als echte Störungen, die durch längerfristige massive Haltungsfehler wie ausschließliche Boxenhaltung ohne Kontaktmöglichkeiten und Umwelteinflüsse entstehen, aber gut durch naturnahe Bedingungen wieder in den Hintergrund treten können.

Manche Verhaltensauffälligkeiten ergeben sich durch ungünstige Haltungsbedingungen, andere durch Fehler im Umgang mit dem Pferd.

Ideal wäre es, die natürlichen Bedingungen weitestgehend zu kopieren und ein männliches Pferd (Hengst oder ranghoher Wallach) mit zu ihm passenden Stuten, eventuell auch rangniedrigen Wallachen, zu kombinieren.

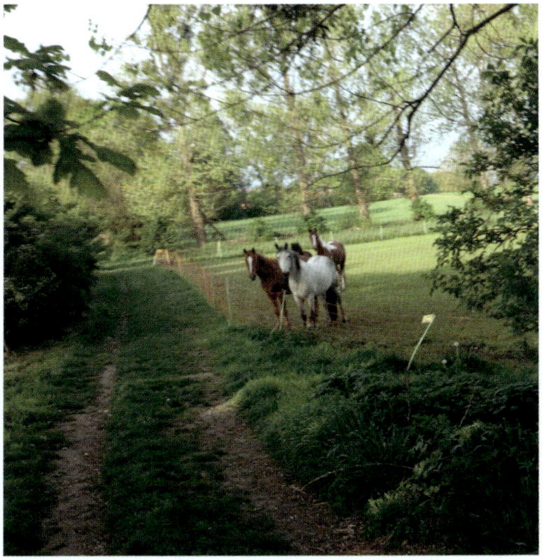

Wallach-WG: Dajin, Navaron, Poki und Knopf.

Reine Wallach- oder reine Stutengruppen mit höchstens einem ranghohen Tier haben sich genauso bewährt wie die Haltung von halbwüchsigen männlichen Pferden in Junggesellengruppen.

Tipp: Wer sich ein eindrückliches Beispiel darüber anschauen möchte, welchen gesundheitlichen Einfluss Haltungsbedingungen haben können, dem sei die Reportage ›Nordstory – Pferdeversteher vom Nordstrand‹ auf NDR empfohlen.

Aufgabe:

Wenn du das nächste Mal an Pferden vorbeikommst, dann vergleiche deren Leben einmal mit den Bedingungen frei lebender Pferde, ohne den menschlichen Kuschelige-Wohnung-mit-vollem-Kühlschrank-Filter daraufzulegen. Wie wirken die Pferde auf dich?

2.4. Auflösung alter Glaubenssätze

Pferde sind inzwischen nach vielen Jahrhunderten als Transportmittel und Landarbeiter für uns Mitteleuropäer Leistungssportler oder Freizeitpartner geworden. Obwohl wir inzwischen über ihre Bedürfnisse, ihr Schmerzempfinden und ihre Kommunikation besser Bescheid wissen, denken manche Menschen immer noch, dass Pferde streng ausgebildet und dabei möglichst fest zusammengeschnürt werden müssen, während sie wenig Kenntnis darüber haben, welche Signale sie selbst – außer den bewusst gewollten – noch an ihr Pferd übermitteln.

Oft finden sich Varianten des Satzes: »Du darfst jetzt nicht aufhören, sonst hat das Pferd gewonnen!«

Sehen wir unsere gemeinsame Zeit bitte nicht als Kampf und unser Pferd nicht als Gegner. Wir wollen PFERDE-GERECHT, also eine intakte Familie oder zumindest ein harmonisches Team sein. Pferde sollten nicht gebrochen und unterdrückt werden. Das kann, wenn die unterdrückende Person einmal Schwäche, z.B. aufgrund des natürlichen Alterungsprozesses, zeigt, bei einem eher führungsorientierten Pferd durchaus auch einen Angriff zur Folge haben. Klappt etwas einfach nicht, dann fehlt irgendwas. Wir sind der Partner mit dem Verstand und sollten in ständiger Selbstreflexion nach den Ursachen suchen. Wir dürfen aufhören. Jederzeit! Die Begegnung mit dem Pferd ist jeden Tag ›neu‹, denn es wird uns bei jedem Treffen erneut die Frage »Bin ich bei dir sicher?« stellen. Beantworten unser Kopf und unser Körper diese Frage nicht zusammen mit »Ja, ich bin eine gelassene Leitstute. Du bist sicher bei mir«, so wird es kleinere oder größere Schwierigkeiten geben. Es ist ein Axiom, ein Grundgesetz der Kommunikation, formuliert von Paul Watzlawick, Psychotherapeut und Kommunikationswissenschaftler (1921-2007), dass wir immer auf einer Inhalts- und einer Beziehungsebene kommunizieren. Der sachliche Inhalt entspringt unserem Verstand und ist von uns direkt steuerbar. Die körperliche Mitteilung an das Pferd, wie wir zueinander wirklich in Beziehung stehen, können wir nicht so einfach beeinflussen. Sie kann sich nur durch die Änderung unserer inneren Einstellung selbst verändern.

Wenn Frust aufkommt, lasst uns, statt in den Kampfmodus zu gehen, eine kurze, leicht zu bewältigende Aufgabe stellen, unser Pferd dafür loben und die Einheit für dieses Mal beenden. Ja, auch wenn es nur wenige Minuten waren. Reflexionszeit ist so viel wertvoller als eine Eskalation. Wir werden nicht nur einen Erkenntnisgewinn erzielen, sondern berechenbar und somit ein Sicherheitsfaktor für unser Pferd bleiben. Wir geben uns zusätzlich die Möglichkeit, die nächste Einheit gut zu planen.

Es geht ohne (strenge) Ausbildung, aber nicht ohne Vertrauen.

Vertrauen ins Pferd

Unsere Pferde haben keine schlechten Absichten. Das können sie nicht. Diese Strukturen gibt es in ihrem Gehirn einfach nicht. Sie sorgen nur für sich, befriedigen ihre Bedürfnisse. Das können sie besser als so mancher Mensch. Sicherheit ist ein sehr wichtiges Bedürfnis eines Beutetieres. Bekommt unser Pferd diese durch uns, gibt es keine Probleme. Außerdem brauchen Pferde, genauso

Begrüßung: Lisa lädt ihr Pferd ein näher zu kommen und wartet.

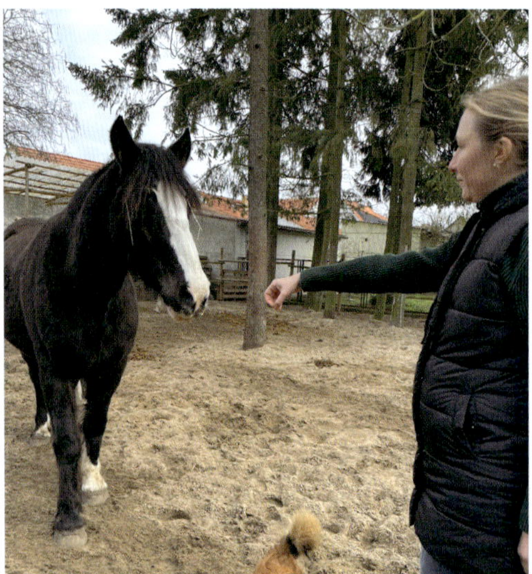

Eine ›Nase‹ entsteht, indem die Finger Nüstern nachbilden. Zur Begrüßung sollte der Mensch sich aktiv als Signal dafür, dass er ein Leittier ist, nähern, dann kurz vor dem Pferd ruhig stehen bleiben, seine ›Nase‹ ausstrecken und die Kontaktaufnahme beobachten und körpersprachlich steuern.

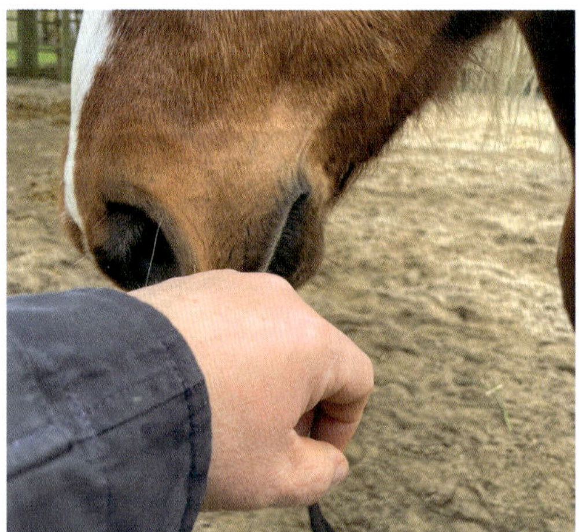

wie wir, Anerkennung. Deshalb möchten sie uns (meistens) gefallen.
Kennen wir dann noch die individuellen Verhaltensmuster, wird unser Pferd für uns schlichtweg vorhersehbarer – und wir für unser Pferd.

Vertrauen in den Menschen

Körperliche und emotionale Gewalt gehören nicht in eine Familie, auch nicht in eine Pferde-Menschen-Familie.

Bei Ungehorsam (Man bemerke alleine das Wort!) wurde früher landläufig und leider teilweise immer noch kräftig und oft mit einem Fluchen (also Wut im Bauch) auf ein Tier losgegangen. Meist gab es zwei, drei dieser Misshandlungen bis das Pferd herausgefunden hatte, was der Mensch von ihm will. Pferde mussten lernen, was Menschen erwarten, sie sollten es am besten schon erahnen und korrekt ausführen.

2005 – Fohlen Rashad musste täglich eine unangenehme Behandlung über sich ergehen lassen. Dennoch vertraute er voll und legte sich auch oft dazu bzw. seinen Kopf auf den Schoß, wenn einer seiner Menschen im Gras saß. Foto © Julia Klein

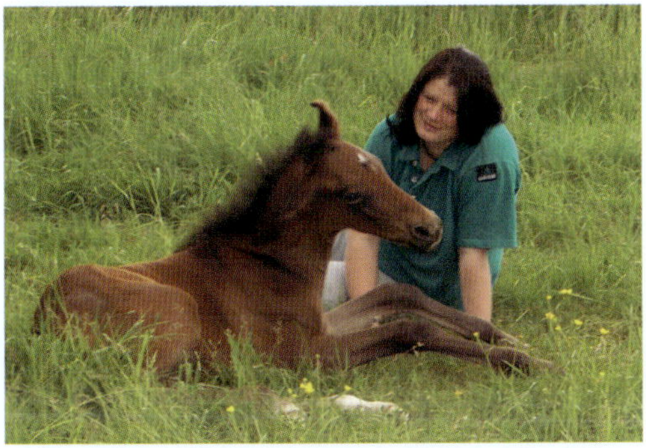

1994 – Fohlen Vinzenz ist aufgeschlossen und neugierig. Vom Tag seiner Geburt an sind ihm Besucher vertraut.

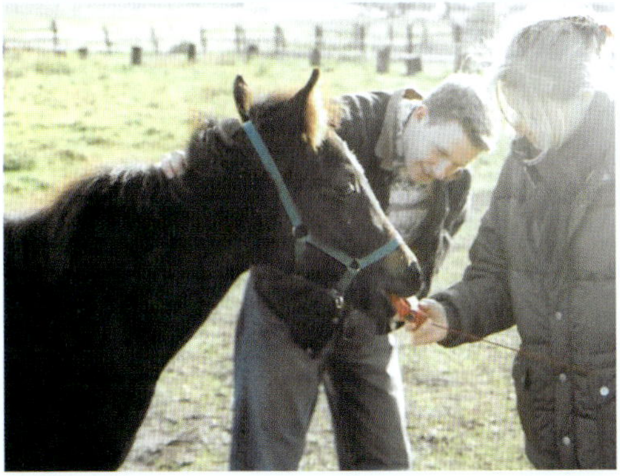

1993 begann für mich das Abenteuer Pferdefamilie und Pferdesprache mit meinem ersten eigenen Pferd Lindos Victorio, meinem Pflegepferd Vichy und Klaus Hempflings Buch »Mit Pferden tanzen«. Foto © Andrea Brandt

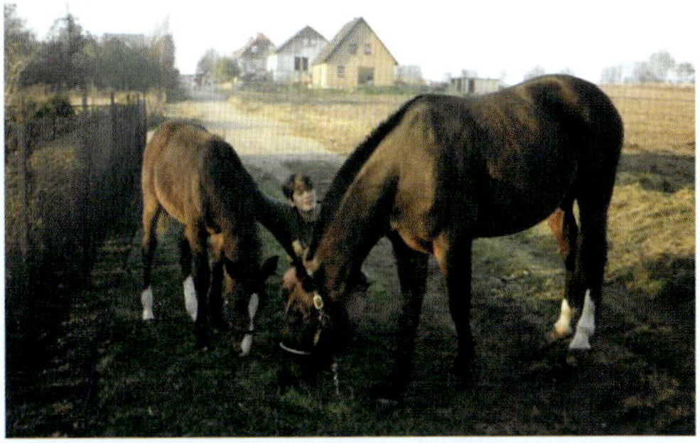

2006 – Egal ob alleine oder mit mehreren Pferden: Wenn die Trennung von der Gruppe langsam und kleinschrittig geübt wird und der Mensch die Leitstute ist, steht gemeinsamen Ausflugen mit Fohlen und Jungpferden nichts im Wege. Foto © Lisa Herold

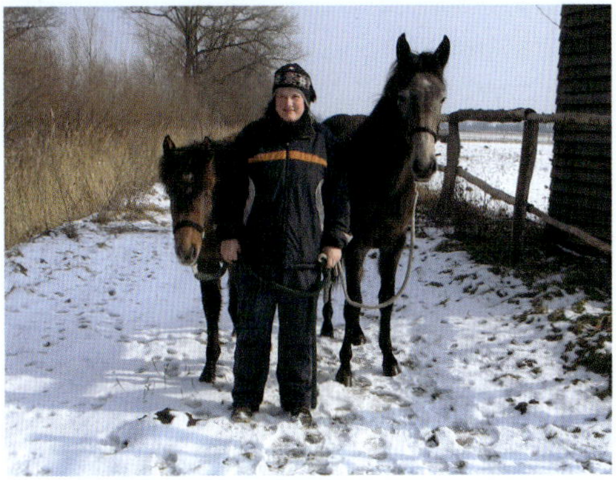

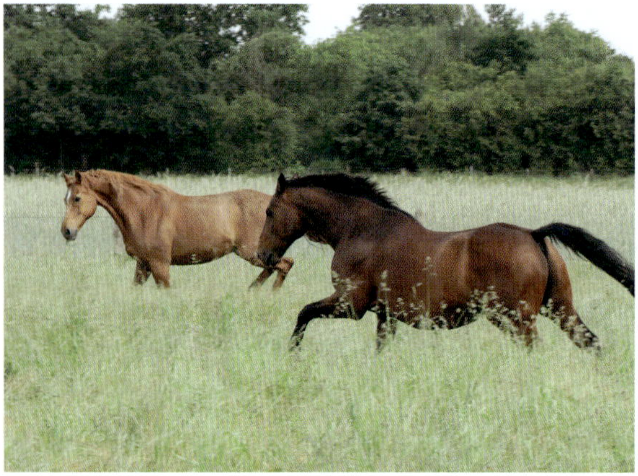

Die Idee der hierarchischen Gewaltlosigkeit kann PFERDE-GERECHT umgesetzt werden. Dazu müssen wir uns unserer Macht sehr bewusst sein und auf sie zugunsten selbstbewusster Führungskompetenz verzichten.

Aufgabe:

Was passiert in uns, wenn wir schimpfen, meckern oder herumschreien?
Beobachte das einmal bei dir selbst!
Welches Gefühl zeigt sich?
Wieso sollte ein Pferd einem ›Leittier‹ folgen, das dieses Gefühl ›im Bauch‹ hat?
Die Antwort findest du im Anhang.

3. Über das Lernen

Um mit einem Pferd leicht und harmonisch arbeiten zu können, sollten wir selbst lernen, aus Pferdesicht zu denken und uns in ihrer Art zu bewegen. Wir sollten uns gleichzeitig Gedanken darüber machen, wie wir ihnen PFERDE-GERECHT näherbringen können, was in ihrer Welt natürlicherweise nicht vorkommt, vom Halfter anlegen über Longieren und Reiten bis hin zum Lernen von Kunststücken. Ganz besondere Bedeutung kommt beim Lernen dem PFERDE-GERECHTEN ›Umkehren‹ von unerwünschtem Verhalten zu.
Menschengehirne sind sehr weit entwickelt. Daher haben wir viele Arten, zu lernen und uns Wissen anzueignen.

Wir lernen durch

- Konditionierung,
- durch Versuch und Irrtum,
- durch Beobachtung und Nachahmung,
- durch Einsicht.

Kochen wir z.B. für unsere Pferde Mash und stecken versehentlich unseren Finger in die noch heiße Masse, hat das eine sofortige Auswirkung auf unser späteres Verhalten. Wir werden es nicht noch einmal tun. **Das ist Konditionierung.**

Wollen wir z.B. einen Trensenhalter in der Sattelkammer anbringen, haben wir verschiedene Möglichkeiten, das zu bewerkstelligen. Wir könnten versuchen, ihn mit doppeltem Klebestreifen zu fixieren. Wir könnten einen Nagel in die Wand schlagen oder ein Loch bohren oder eine Unterkonstruktion bauen oder, oder, oder. Wir gehen also nach dem Prinzip **›Versuch und Irrtum‹** vor. Irgendeine Aktion wird richtig gut funktionieren; bei einem diese, beim anderen jene. Für das nächste Mal vermuten wir dann, welche Handlung für uns am ehesten zielführend sein wird. Wir Menschen lernen sehr viel durch **Beobachtung und Nachahmung**. Es lohnt sich, die Leute in unserer Umgebung, die uns als Vorbilder in

Bezug auf den Umgang mit Pferden dienen, sehr genau zu beobachten und ihr Verhalten bei der nächstbesten Gelegenheit mit unserem Pferd nachzuahmen. Und vor allem lohnt es sich, das Verhalten der Pferde untereinander zu studieren, um selbst PFERDE-GERECHT kommunizieren zu lernen.

Die **Einsicht** ist die höchste Form des Lernens. Hierzu reicht allein die Vorstellungskraft des Menschen, um bestimmte Prozesse nachzuvollziehen. Wir müssen nie selbst einen unpassenden Sattel getragen haben, um uns vorzustellen, welche Schmerzen das dem Pferd verursachen kann.

Bei Pferden ist das Lernen eingeschränkter! Das sollten wir Menschen bitte immer im Hinterkopf haben, falls uns mal eine Variante des Satzes: »Der weiß ganz genau, dass er das nicht darf!« über die Lippen kommen möchte. Auch schauen sich Pferde nicht einfach irgendein Verhalten wie z.B. ›Koppen‹ oder ›Weben‹ ab und machen es dann nach.

Pferde lernen nach dem Prinzip **›Lernen am Erfolg‹**, auch Konditionierung genannt. Das scheint zunächst ein recht einfaches Konzept, welches besagt, dass vom Pferd wiederholt wird, was ihm innerhalb von 3 Sekunden etwas Positives bringt.

Vier Formen des ›Lernens am Erfolg‹

Belohnung »Feiiin« 3-Sekunden-Regel	Klare Ansage »Stop« 3-Sekunden-Regel
3-Sekunden-Regel Wegfall eines negativen Zustands	3-Sekunden-Regel Wegfall eines positiven Zustands

Dass dieses Positive nicht in jedem Fall auch für uns Menschen positiv ist, weiß jeder, der als Kind schon einmal am Führstrick hinter einem Pony her in Richtung Gras gezogen wurde oder dessen erstes Reitschulpferd eigenständig Abkürzungen nahm.
›Lernen am Erfolg‹ bietet uns vier Möglichkeiten, auf das Verhalten unseres Pferdes PFERDE-GERECHT Einfluss zu nehmen:

- durch Belohnung
- durch den Wegfall von Belohnung bzw. eines angenehmen Zustandes
- durch ein klares Nein!
- Durch den Wegfall eines negativen Zustandes

3.1. Belohnung ist die halbe Miete

Belohnungen kennen die meisten von uns. Sie können von uns sowohl mit sanfter oder unterstützender Stimme als auch durch Leckerlis oder als streichelnde Entspannungspause erfolgen. Wichtig dabei ist, dass die Belohnung sofort, d.h. nach spätestens **3 Sekunden,** erfolgt sein muss. Jede spätere Belohnung wird im Gehirn nicht mehr mit dem gezeigten Verhalten verknüpft.

Ein Pferd kann sich auch selbst belohnen. Meistens ist das von uns Menschen jedoch nicht so ganz erwünscht. Zum Beispiel ist das Losreißen vom Strick eine Selbstbelohnung. Und zwar in doppelter Hinsicht: wegen der nächstgelegenen Grashalme oder der wartenden Koppelgenossen als direkte Belohnung. Zusätzlich wirkt als indirekte Belohnung bei der pferdischen Art des Lernens das **Ende eines unangenehmen Zustands,** wie das Ende des unangenehmen Zugs auf Nase, Genick und Ganaschen des Pferdes in unserem Beispiel.

Wollen wir deutlich machen, dass wir nicht wollen, dass unsere Pferde in Richtung Wiese gehen, benötigen wir die dritte Möglichkeit des ›Lernens am Erfolg‹: ein deutliches **Nein**. Dieses Nein kann sprachlich, PFERDE-GERECHTER aber **mittels Grenzen setzender Körperbewegungen** erfolgen. Die Schärfe der Worte und/oder die Intensität des Körperausdruckes sollte dabei immer angemessen sein. Kurze Maßregelungen sind in der Kommunikation der Pferde untereinander häufig zu beobachten. Wenn wir als Mensch damit arbeiten wollen, dann einzig und allein um Grenzen zu setzen – und vor allem ohne jegliche Gefühle von Kränkung, Ärger oder Wut!
Wir haben über Gewaltfreiheit als unseren PFERDE-GERECHTen Anspruch schon im letzten Kapitel nachgedacht.

Die vierte Möglichkeit des ›Lernens am Erfolg‹ ist das **Ende einer Belohnung**. Probiert sich das Pferd z.B. beim Verladen in Richtung Anhänger aus, sollte es gelobt werden. Der Zuspruch muss aber sofort enden, wenn das gewünschte Verhalten nicht mehr gezeigt wird. Stattdessen wird geschwiegen.
Das Ignorieren von unerwünschten Verhaltensweisen ist ein sehr wichtiges Instrument zu deren Löschung. Für viele Menschen ist es frustrierend, wenn sie ›immer wieder das Gleiche sagen müssen‹ und sich nichts ändert. Dann setzen sie irgendwann drastischere Mittel ein, weil es anders scheinbar nicht möglich ist. Der wirkliche Ausweg

Gewaltbereite Dominanz	Klare, konsequente, PFERDE-GERECHTE Führung
Emotionsgeladen	Emotionsbedacht
Empathielos	Empathisch
Herrschaftsanspruch	Gelassenes Leitstuten-Verhalten
Abwertende Kommentare	Wertschätzung
Schuldzuweisung	Selbstreflexion
Körperlich hohe Anspannung	Entspannte Aufrichtung
Harte Bewegungen	Lockere Bewegungen
An eigenen Bedürfnissen orientiert	Bedürfnisse des Pferdes im Blick
Willkür	Bewusste, emotionslose Imitation des Hengst-Verhaltens
»Volles Programm«	»Weniger ist mehr«

Unterschied zwischen Gewalt und PFERDE-GERECHTer Kommunikation.

führt über das Ignorieren des unerwünschten Verhaltens bei gleichzeitigem Anbieten eines Alternativverhaltens und das Belohnen und Verstärken dieses gewünschten Verhaltens. Hier ist ein gelassenes Ignorieren gemeint, nicht das von uns Menschen gerne verwendete angespannte Ignorieren mit der inneren Haltung: »Ich tue so, als ob ich dein Verhalten nicht bemerke, beobachte dich aber heimlich ganz genau und schreite ein, wenn es mir reicht!«

Im Alltag mit unseren Pferden sollten wir lernen, die Möglichkeiten der Konditionierung miteinander zu kombinieren, um PFERDE-GERECHT Fortschritte in unserer Zusammenarbeit zu erzielen. Zur Verdeutlichung können uns die folgenden Beispiele auf den nächsten Seiten dienen.

Beispiel ›Einparken‹

Wenn es z.B. dein Anliegen ist, dass dein Pferd in Vorbereitung auf das spätere Aufsteigen lernt, an einer Aufstiegshilfe mit der Hinterhand auf dich zuzukommen, stehst du zunächst ohne Aufstiegshilfe vorne am Pferd und beginnst, die gegenüberliegende Kruppenseite mit einer längeren Gerte zu touchieren. Irgendwann probiert dein Pferd, dem lästigen Kitzeln auszuweichen. Jede unerwünschte Reaktion wird dabei von dir ignoriert. Zeigt dein Pferd bei den ersten Malen jedoch nur den Ansatz von einer Gewichtsverlagerung in die gewünschte Richtung, hörst du sofort auf zu touchieren (Wegfall eines negativen Zustandes) und gibst deinem Pferd ausnahmsweise ein Leckerli (Belohnung). Hat dein Pferd im Laufe der Einheiten verstanden, was du von ihm willst, achtest du zunehmend mehr auf feinere Ausführungen, die stimmlich und/oder streichelnd belohnt werden. Sobald die erwünschte Wendung mit der Hinterhand etabliert ist, belobigst du nicht mehr jedes erwünschte Verhalten, sondern zunehmend weniger, aber immer mal wieder. Lernpsychologisch nennt sich diese Vorgehensweise ›Verstärkung mit variablem Verhältnis‹ und ist sehr effektiv, um das Gelernte zu festigen.

Tipp: Du solltest nur punktuell und kurzzeitig zum Lernen von unnatürlichen Abläufen mit Leckerlis & Co. arbeiten, weil das deinen Leitstuten-Status untergräbt. Eine Leitstute füttert die anderen nicht. Nur ein in Frage stellender

Diese Vorhandwendung auf den Menschen zu ist eine sehr gute Vorbereitungsübung für das ›Einparken‹ an der Aufstiegshilfe.

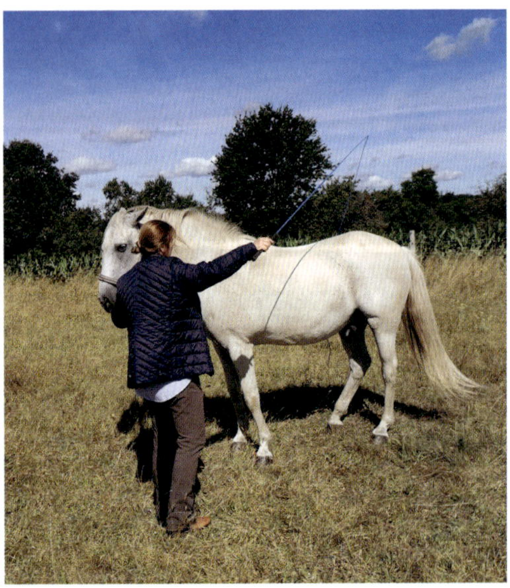

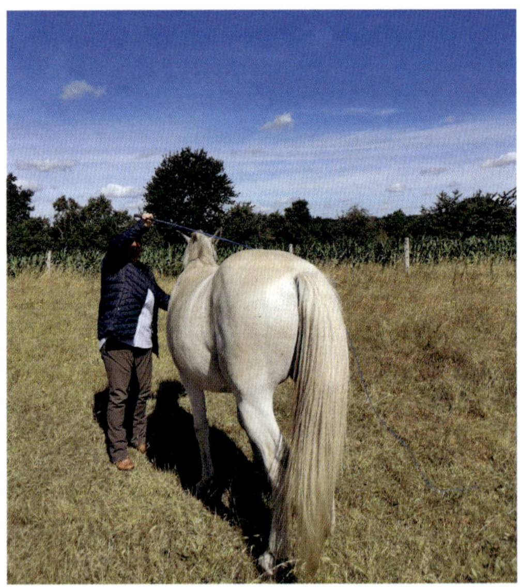

Steht das Pferd etwas entfernt, kann es durch die Vorübung mit der Hinterhand herangeholt werden, ohne dass der Mensch herunterklettern und die Aufstiegshilfe umgestellt werden muss.

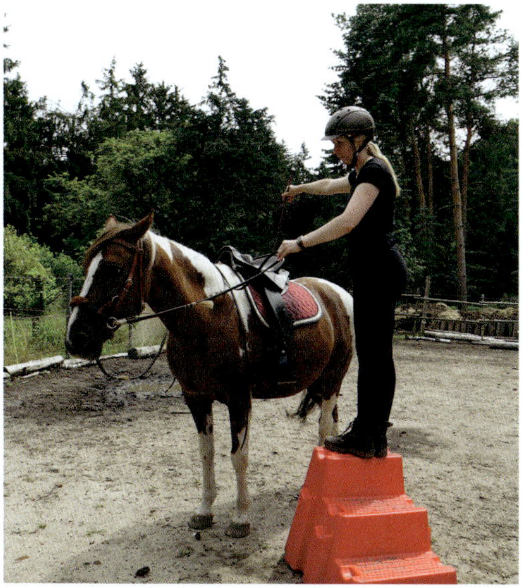

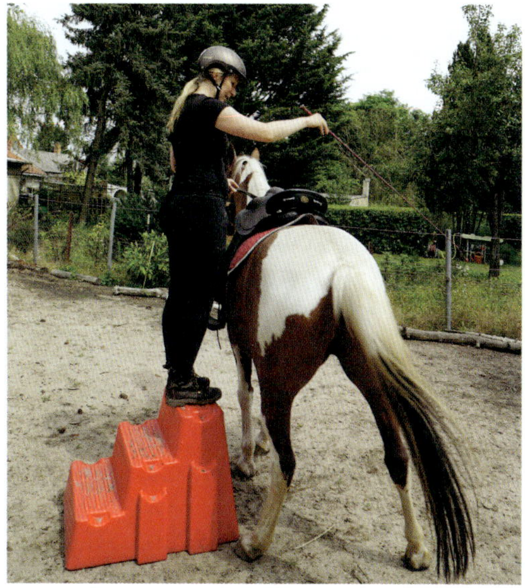

Steht das Pferd einigermaßen in geschlossener Haltung, wird ruhig abgewartet, bis es sich auch entspannt. Kräftiges Lob darf wie immer natürlich nicht fehlen!

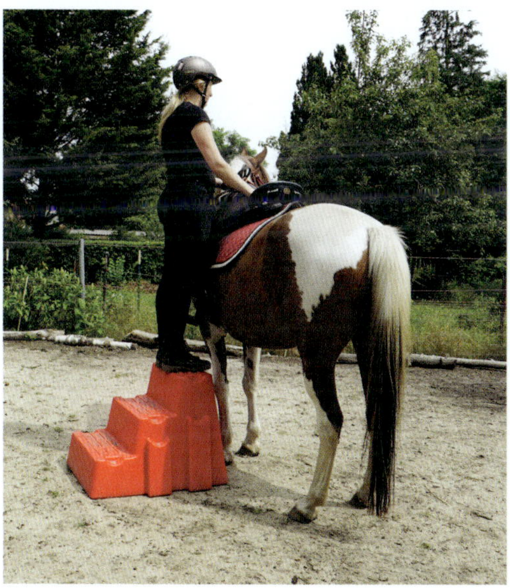

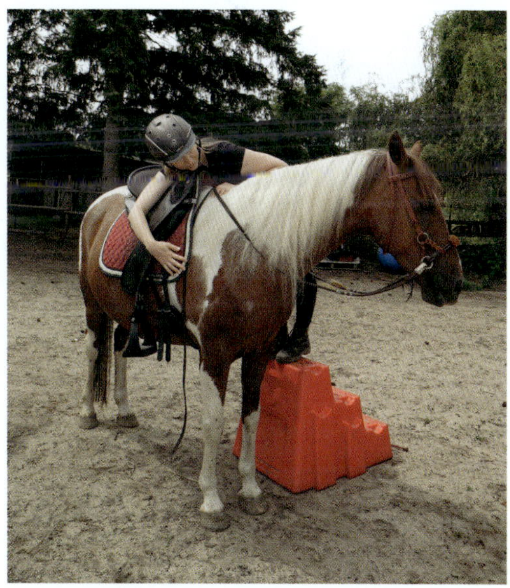

Herausforderer stiehlt einem anderen Pferd Futter. Ein weiteres Argument gegen den inflationären Gebrauch von Leckerli ist ein witzig anzuschauendes Phänomen. Im vorauseilenden Gehorsam spulen Pferde gerne mal ihr gesamtes Repertoire an Tricks ab, nur um ein Leckerli zu erhalten. Hier ist es sehr wichtig, nicht zu belohnen.
Ich weiß, es ist wirklich süß, wenn sie das tun.

Es ist der Job eines Pferdes und absolut überlebenswichtig, Grenzen auszutesten. Es muss herausfinden, ob der Mensch ihm Sicherheit von passiv führender Leitstute und aktiv führendem Hengst bietet. Nur dann kannst du für dein Pferd eine sichernde Herde sein. Ansonsten übernimmt es zur eigenen ›Lebens(ver)sicherung‹ selbst die Führung oder die freie Rolle. Daraus ergeben sich eine Vielzahl von Verhaltensweisen, die für uns Menschen schon aufgrund der körperlichen Überlegenheit des Pferdes potentiell gefährlich sind.

Ein beliebtes Grenzen-Austesten ist das Auf-den-Fuß-Treten. Wer kennt das nicht? Ein Herdenmitglied allerdings würde niemals in den persönlichen Raum seiner Leitstute und schon gar nicht des Hengstes eindringen (die ›Privatsphäre‹ verletzen).
Stell dir also vor, du stehst neben einem Pferd und kraulst ihm den Hals. Das Pferd genießt es eine Weile, trippelt etwas herum und plötzlich steht es auf deinem Fuß. In dieser Situation solltest du das Kraulen augenblicklich einstellen, so dass keine Belohnung erfolgt. Gleichzeitig darf dein Arm emotionslos nach oben schnellen und das Pferd hochenergetisch zum Weichen auffordern. Auch ein scharfes »Nein!« ist möglich. Daran darf sich, je nach Pferdetyp, für ein paar wenige! Schritte das Rückwärts-Weichenlassen des Pferdes anschließen. Diese Aktionen gehören zu den angemessenen Neins. Zeigt das Pferd kauend bis gähnend den zu dieser Aktion gehörenden Verarbeitungsprozess in seinem Gehirn an, kann nach

Zeitstrahl, der für effektives Lernen und für die ›Verstärkung mit variablem Verhältnis‹ nutzbar ist.
Intervall-Wiederholungen zur Verankerung im Langzeitgedächtnis.

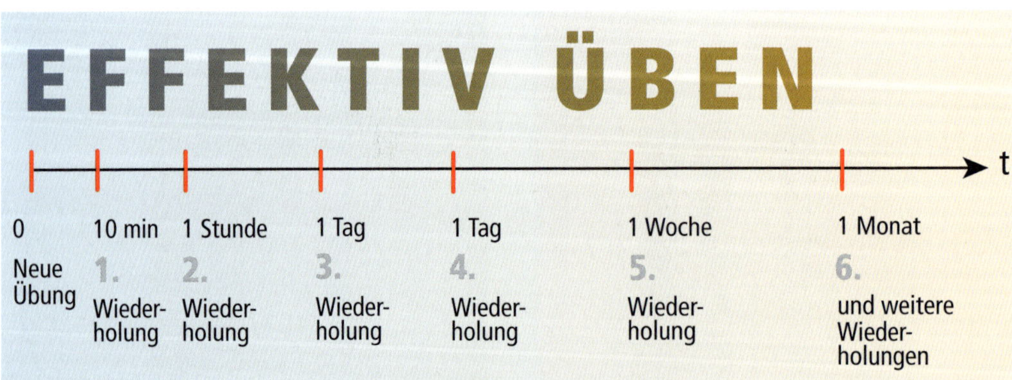

einer Pause wieder mit Belohnungen weitergearbeitet werden.
Es bringt überhaupt nichts, wenn Menschen mit ihren paar Kilos einen 500-Kilo-Koloss zur Seite schieben wollen. Das entspricht einer wohltuenden hawaiianischen Massage, aber nicht einer klar Grenzen setzenden Ansage.

Aufgabe:
Wie kannst du bei deinem Pferd erkennen, dass es eine Aktion verarbeitet hat und daraus lernt?
Die Antwort findest du im Anhang.

3.2. Lernphasen

Schön ist es, wenn alles läuft und die Pferd-Mensch-Familie harmonisch miteinander arbeitet. Das ist an manchen Tagen von Erfolg gekrönt. An vielen Tagen läuft's okay, geht aber einfach nicht so richtig vorwärts. Und dann gibt es noch die richtig frustrierenden Tage. Die, an denen wir das Gefühl haben, Rückschritte zu machen oder ganz von vorne anfangen zu müssen.
Aus lerntheoretischer Sicht sind das jedoch alles gute Zeichen.
Um das zu verstehen, schauen wir uns mal an, wie Lernen funktioniert:

Lernen läuft in vier Phasen ab:

1. Ein Lernerfolg stellt sich ein.
2. Es erfolgt ein leichter Rückschritt.
3. Dem folgt eine längere Phase der Festigung.
4. Ein neuer Lernerfolg auf einem höheren Niveau stellt sich ein usw.

Stell dir vor, du willst deinem Pferd die Muskulatur stärkende Übung ›Bergziege‹ beibringen, bei dem alle vier Hufe deines Pferdes innerhalb eines kleinen Rechteckes zusammenstehen und der Rücken stark nach oben gewölbt wird.
Die erste Übungsphase beginnt damit, dass du deinem ›geparkten Pferd‹ einen Stock quer vor die Vorderbeine legst oder eine Peitsche quer in Höhe

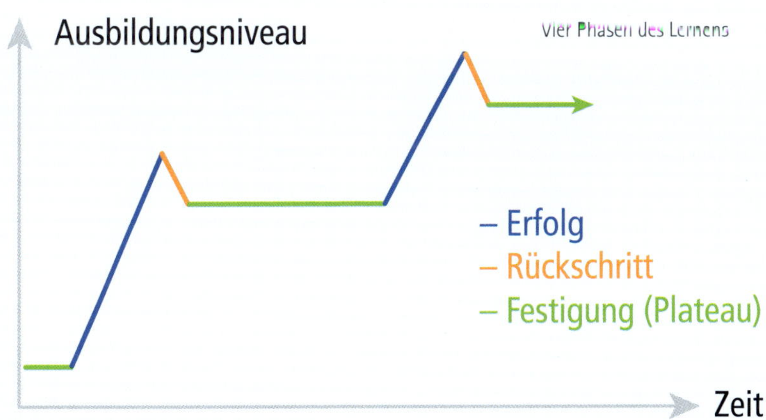

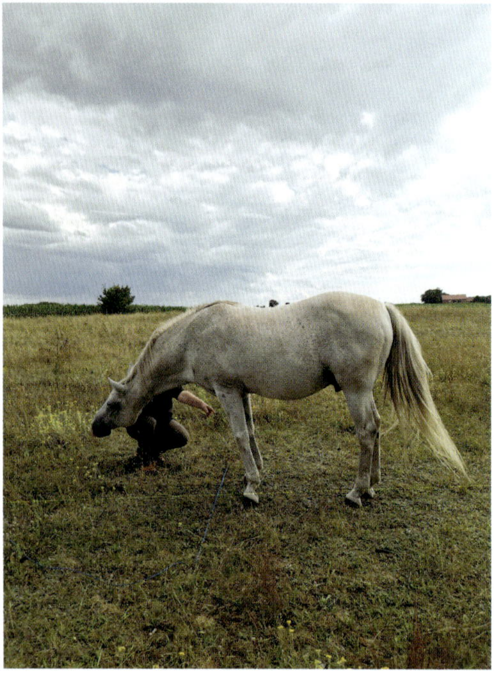

Bergziege Phase 1 – Aus der Parkposition ...

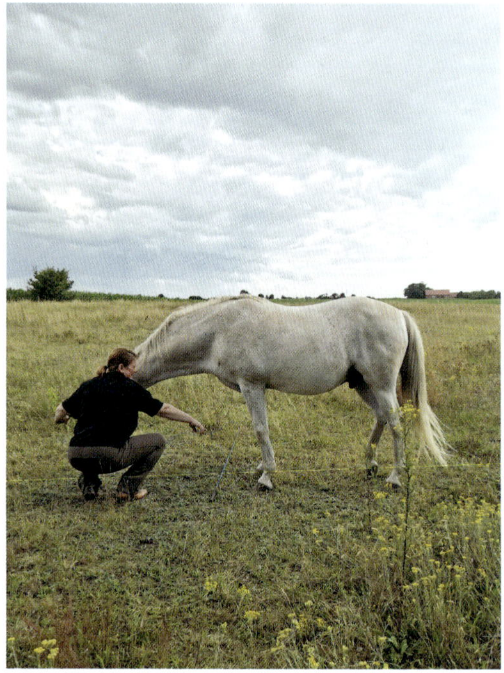

... löst das Pferd einen Hinterhuf und tritt nach vorne unter den Körper.

des Mittelfußes hältst. Dann forderst du dein Pferd auf, mit den Hinterbeinen vorzutreten und gleichzeitig vorne stehen zu bleiben. Das Pferd probiert ein bisschen herum. Alle unerwünschten Bewegungen werden kommentarlos insofern korrigiert, dass das Pferd nur in die Ausgangsstellung zurück gebeten wird. Ein zufälliges Vortreten eines Hinterbeines oder auch nur eine Gewichtsverlagerung in die gewünschte Richtung wird gefeiert und das Pferd ausgiebig gelobt.
Es ist wichtig, immer wieder Pausen einzulegen, um die Verarbeitungsprozesse im Gehirn zuzulassen und nicht mit der nächsten Anforderung Verwirrung zu stiften.

Diesem ersten Erfolg folgen recht schnell weitere Fortschritte und schon bald stehen auf ein eingeführtes Kommando hin die hinteren Hufe außen fast neben den vorderen. Das ist viel mehr als eigentlich das Ziel gewesen war. Voller Stolz willst du einer Freundin den neuen Trick zeigen. Doch heute kommt ihr über eine leichte Annäherung aller vier Hufe nicht hinaus. Dass es sich nicht um den berühmten Vorführeffekt handelte, bemerkst du am nächsten Tag. Der leichte Rückschritt ist immer noch erkennbar, wenn auch nicht mehr so stark wie am gestrigen Tag. Auch an den nächsten Tagen ändert sich nicht wirklich etwas: Dein Pferd führt die Übung aus, aber nicht so wie am

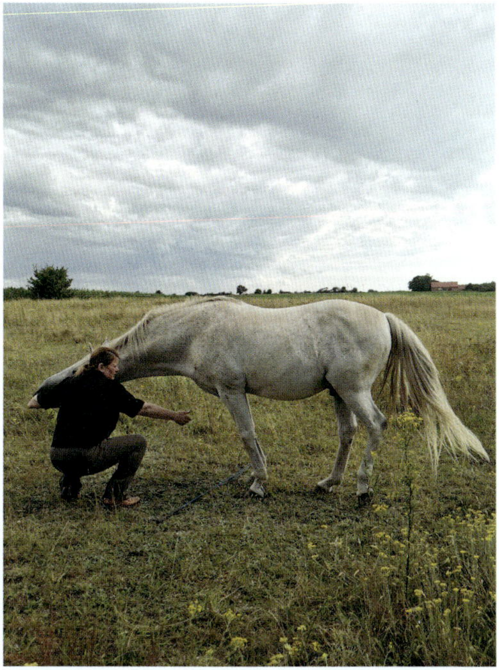

Bergziege Phase 2 – Das Pferd löst den anderen Hinterhuf und tritt etwas weiter vor.

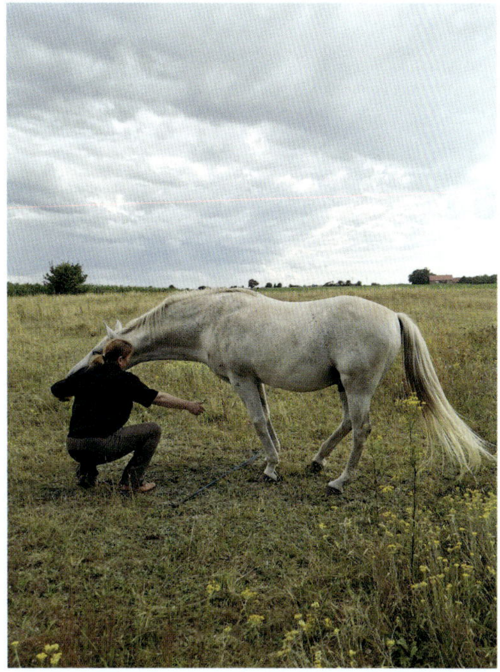

Am Ende stehen beide Hinterhufe möglichst nah an den Vorderhufen.

Beginn. Nach einer Woche plötzlich tritt es wie selbstverständlich so dicht an die Vorderhufe heran, dass du ganz überrascht bist. Du stehst freudig etwas schnell auf und dein Pferd zeigt zufällig plötzlich den ersten Ansatz einer Levade, in dem es bei stark unter den Bauch getretenen Hinterbeinen mit beiden Vorderbeinen einen Millimeter vom Boden abhebt.

Zugegeben, ich habe ein bisschen konstruiert, um die Abfolge deutlicher zu machen. In Wirklichkeit kann eine Phase mal länger, mal weniger lang dauern, und Erfolge können sich an anderen Stellen der Übung einstellen.

Tipp I: Die Übung ›Bergziege‹ wird ausführlich im Teil II erklärt.

Tipp II: In der Arbeit mit deinem Pferd kann dir ein kleines Tagebuch beim Verstehen des Lernens helfen. In diesen Aufzeichnungen kannst du im Laufe der Zeit sehr schön ablesen, in welcher Phase ihr euch befindet. Nebenbei hilft es dir, schwarz auf weiß zu sehen, was dein Pferd und du schon alles gemeinsam erreicht habt. Ein Rückschritt und der scheinbare Stillstand der Festigungsphase lassen dich dann nicht verzweifeln, sondern sind mit diesem Wissen viel besser auszuhalten.

Aufgabe:

Finde ein eigenes Beispiel aus deinem (Pferde-) Alltag, wo du die Phasen des Lernens schon mal erlebt hast! Notiere es dir und markiere die einzelnen Phasen wie in der Abb. Seite 23 bunt!

3.3. Körperwahrnehmung und Körperausdruck

Untereinander kommunizieren Pferde bis auf Lautäußerungen und Gerüche vorwiegend über ihren Körperausdruck. Um das als Mensch PFERDE-GERECHT zu imitieren, was lerntheoretisch dem ›Lernen am Modell‹ entspricht, solltest du dir deines eigenen Körpers und seines jeweiligen Ausdruckes bewusst werden. Ob du gut oder ausbaufähig imitierst, erkennst du an den Reaktionen deines Pferdes.

Wir haben gelernt, dass es Priorität hat, einem Pferd Sicherheit zu vermitteln. Pferde haben eine Grundspannung, wenn sie einer leitenden oder führenden Aufgabe nachkommen. Einem Wallach mit halb geschlossenen Augen, hängender Unterlippe und schlurfendem Gang folgen höchsten ein paar Halbwüchsige um ihn zu scheuchen. Der Leitstute folgt ein Pferd, weil sie durch ihr Auftreten eine große Gelassenheit ausstrahlt, in der Bewegung zusätzlich in aufmerksamer Aufrichtung mit energetischen Schritten vorwärtsgeht. Mit ihren jeweils individuellen Zeitverzögerungen und Abständen folgen die anderen Pferde. Die Leitstute kümmert sich nicht um die Zeitverzögerungen oder die Größe der Abstände. Das ist nicht ihre Aufgabe. Die Absicherung der Familie nach vorne ist ihr Job. Ist der Leitstute etwas nicht geheuer, verlangsamt sie das Tempo und richtet sich stärker auf. Bleibt sie stehen, hebt sie den Kopf-Hals-Bereich an und atmet hörbar für die anderen kurz aus. Daraufhin halten alle anderen sofort hinter ihr, ohne sie anzurempeln. Ein

Welche Körperteile entsprechen in der Kommunikation in etwa denen des Pferdes?

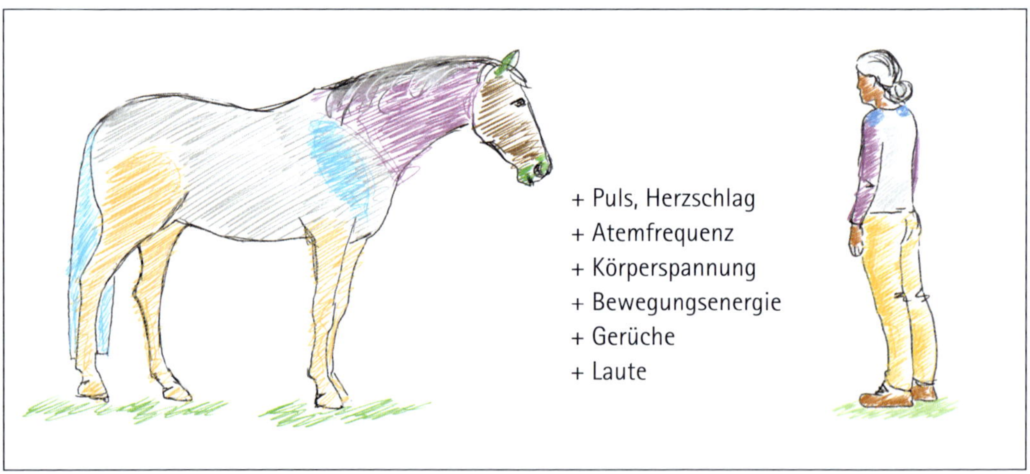

weiterer Schritt kann in der freien Wildbahn einer zu viel sein. Übermütige Fohlen kennen diese Regel anfangs noch nicht. Sie werden dann je nach Einschätzung der Situation durch die Stute mehr oder weniger deutlich eingenordet.
(Meine Stute Vichy war so ein Pferd. Von ihr habe ich sehr viel gelernt. Selbst wenn sie in eine neue Herde kam, war sie einfach nur ›da‹. Sie hat nicht durch Dominanz und Einschüchterung ihre Kompetenzen gezeigt, sondern durch tiefste Gelassenheit und klare Grenzsetzung den fragenden Anderen gegenüber. Es war diesen innerhalb von wenigen Minuten klar, dass sie entspannter leben können, weil da jemand ist, der ihnen Familie bietet, dem sie sich anschließen dürfen und der den Job übernimmt.)

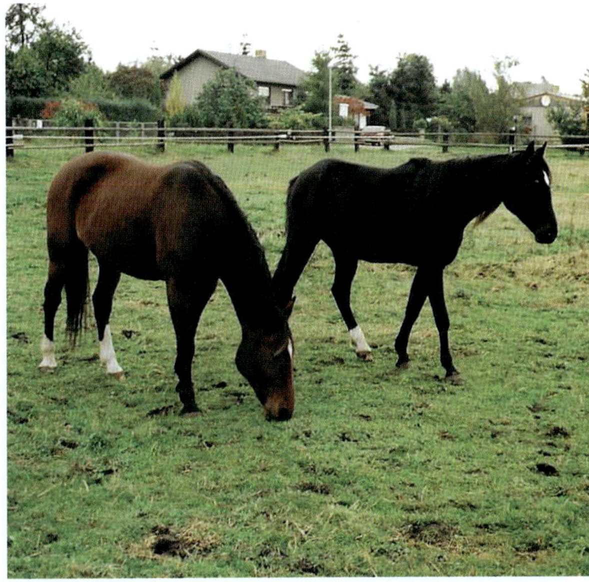

Übernimm die Verantwortung und sorge dafür, dass du aufgerichtet über deinem Schwerpunkt stehst, in dem du eine leichte, angenehme Körperspannung aufbaust und deinen Oberkörper und deinen Kopf über deinem Körpermittelpunkt ausbalancierst! Du hast immer ein Ziel und bewegst dich ruhig aber motiviert darauf zu. Willst du das Tempo erhöhen, werden deine Schritte raumgreifender. Einen Wechsel der Gangart zeigt die Bewegungsfolge deiner Beine an. Im Schritt gehst du einen Viertakt, im Trab einen Zweitakt und im Galopp einen Dreitakt. Genau wie es Pferde tun. Dein Pferd folgt dir mit seiner individuellen Zeitverzögerung. Willst du stehen bleiben, so machst du deinem Pferd das zunächst mit dem Heben deines Führungsarmes, später allein durch leichtes Anheben deiner Brust und dem damit verbundenen leichten Zusammenziehen deiner Schulterblätter, im Idealfall allein durch kurzes Ausatmen deutlich.
Der menschliche Körper kommuniziert immer. Er kann nicht anders. Es ist ein weiteres Grundgesetz, eigentlich sogar das 1. Axiom, welches der Kommunikationspsychologe Paul Watzlawik formulierte: »Man kann nicht nicht kommunizieren.« Du solltest dir also der Kommunikationspermanenz deines Körpers bewusst sein und deine Kommunikationsqualität durch Selbstreflexion prüfen.

Arbeitest du in der Position des Hengstes, sollte sich auch deine Körpersprache deutlich verändern. Du erhöhst die Körperspannung und nutzt den Raum, den ein Hengst nutzen würde. Der Hengst schickt andere Pferde durch seinen ausgestreckten Kopf-Hals-Bereich, dem Verkleinern des Abstandes und der Erhöhung seiner Energie vorwärts. Du kannst als Pendant dazu deinen mehr oder weniger ausgestreckten Arm oder, um dich verständlicher zu machen, eine Armverlängerung nutzen. Nichts weiter sollte eine Gerte, eine Peitsche oder ein Stick usw. sein.

Der Raum der Leitstute befindet sich am und direkt um das Pferd. In der Bewegung ist ihre Schulter meistens vor der Nase der anderen Pferde. Beim Reiten weiten wir Menschen durch Vertrauensaufbau den Bereich nach oben hin aus. Der Hengst agiert um die gesamte Gruppe herum. Er hält sich aber vorwiegend im hinteren Bereich auf. Bei Gefahr vergrößert er den Abstand zu seiner Familie und behält die Gefahrenquelle frontal dazu stehend im Blick.
Jedes Pferd hat ein anderes Lerntempo, ein anderes Verständnisvermögen. Dies wahrzunehmen, die eigenen Ansprüche und das eigene Verhalten

Welche Räume nutzen wir in der Arbeit mit dem Pferd?

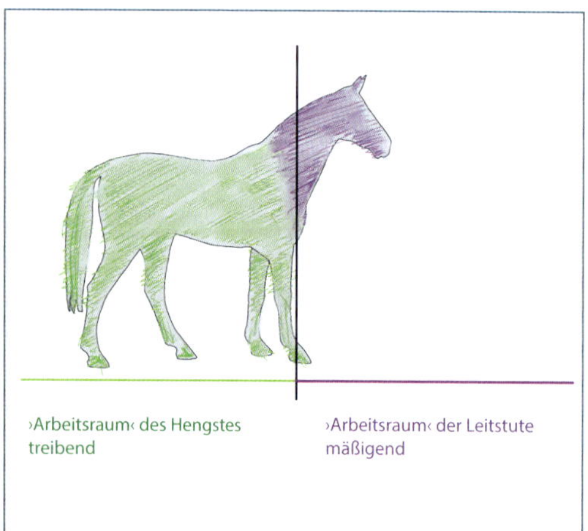

dem anzupassen, ist dann die Kunst, die nur durch Beobachtung, Übung und Selbstreflexion, aber nicht aus Büchern erlernt werden kann.

Aufgabe:
Welche Rolle oder Rollen nimmst du in der Longen-, aber auch in der Freiarbeit ein?
Die Antwort findest du im Anhang.

Soweit zur Theorie. Nun wird es praktisch.

4. Vorbereitung einer Arbeitseinheit

Zunächst stimme dich innerlich auf die Imitation der Leittiere ein. Das ist nicht nur wichtig, wenn du selbst mit Pferden arbeiten möchtest, sondern auch bei der Begleitung anderer Menschen und deren Pferden.

Ich persönlich gehe dabei wie folgt vor:
Bevor ich einem Pferde-Menschen-Duo begegne, bereite ich mich bewusst vor. Zum einen lege ich mir die Arbeitsmittel bereit, die ich brauchen werde, und zum anderen bereite ich mich mental vor.
Dazu stelle ich mir bereits im Vorfeld einige Fragen:

Bin ich ›da‹?
Also, bin ich gedanklich im Hier und Jetzt oder hänge ich noch in vergangenen oder zukünftigen Ereignissen fest? Pferde sind immer im Hier und Jetzt, somit ist das für eine Zusammenarbeit unabdingbar.

Welche Empfindungen zeigt mein Körper?
In einem Bodyscan gehe ich dazu meinen Körper von den Füßen bis zum Scheitel durch. Die meisten Signale finden sich im Bauch-, Brust-, Hals- und Gesichtsbereich oder äußern sich in Verspannungen und Schmerzen.

Welches Gefühl liegt den Empfindungen zu Grunde?
Ein negatives Gefühl weist mich darauf hin, dass eines meiner Bedürfnisse nicht erfüllt ist, ein positives ist ein Hinweis auf deren Erfüllung. Handelt es sich zum Beispiel darum, dass ich einfach nicht genug getrunken habe, hole ich das nach. Ist da jedoch ein starkes Gefühl wie Ärger, könnte es die Qualität der Beziehungen, die ich später zu einem Pferd und dessen Menschen aufnehmen möchte, bestimmen.

Kann ich in meinem jetzigen Zustand einem Pferd Sicherheit bieten?
Hier entscheidet sich meine Vorgehensweise. Bei einem klaren »Ja!«, kann ich einfach entspannt weitermachen. Bei einer Unsicherheit oder einem klaren »Nein!« habe ich mehrere Möglichkeiten, von denen mir zwei adäquat erscheinen.

Ich kann mich für ein »Gerade passt es gar nicht. Ich arbeite daher erstmal nur in der Coaching-Funktion für den Pferdebesitzer, ohne selbst Verbindung zu seinem Pferd aufzubauen.« entscheiden. Die zweite Variante bedarf der Übung. Wenn ich etwas jetzt noch auflösen will, damit es mich nicht beeinflusst, nutze ich Meditationstechniken. Ich gehe z.B. in eine Atembeobachtung, lenke meine Aufmerksamkeit auf ein Durch-die-Nase-in-den-Bauch-hinein-Atmen und auf ein sehr langes Ausatmen. Das ruhige Einatmen und das lange Ausatmen melden dem alten Teil meines Gehirns, dass ich jetzt selbst nicht in Gefahr bin und stressbedingte Hormonausschüttungen reduzieren kann. Nach ein paar Minuten atme ich dann zur Empfindung, z.B. der Verspannung in den Schultern hin, und stelle mir vor, wie ich die Verspannungen durch meine Füße ausatme.
Das soll als kleiner Hinweis zur eigenen Erdung bzw. Fokussierung auf das Hier und Jetzt genügen.
Komme ich zu dem Ergebnis, dass ich die Befriedigung meiner Bedürfnisse gut und ohne Anstrengung aufschieben kann, steht der Begegnung mit einem Menschen und meinem oder seinem Pferd nichts mehr im Wege.

Meditation und Atemübung, Foto © Yvette Rosyn.

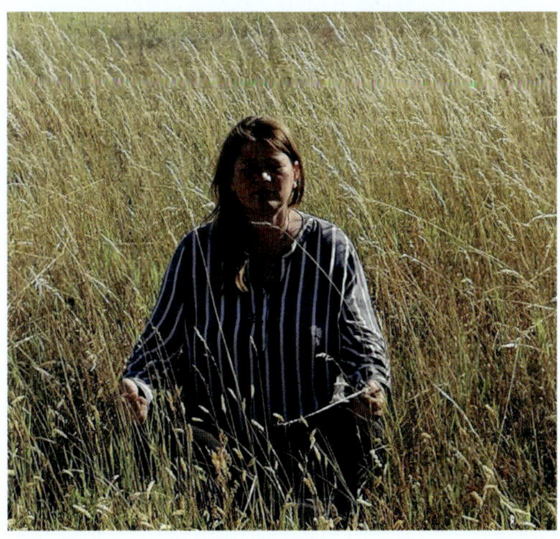

Eine Anmerkung möchte ich wiederholen: Wir sollten uns verinnerlichen, dass wir jederzeit aufhören dürfen! Jeder Tag ist ›neu‹ und es gibt nichts zu verlieren, sondern nur an Erkenntnissen dazuzugewinnen.

Aufgabe:

Es ist wichtig, dass du dein eigenes Vorbereitungsritual entwickelst. Wie könnte deine Fokussierung auf das Hier und Jetzt aussehen?

5. Bodenarbeit beginnt bei der ersten Begegnung

Oft beobachte ich, dass dem Holen der Pferde von der Koppel oder aus dem Stall wenig Beachtung im Sinne von eigenem Status in der jetzt entstehenden Pferd-Mensch-Herde geschenkt wird. Den meisten Menschen ist nicht bewusst, dass die Arbeit als Sicherheit bietende Leitstute für sie bereits beginnt, sobald sie in Sicht- oder Hörkontakt mit ihrem Pferd kommen. Das Pferd wartet mit dem Fragen nach dem heutigen Beziehungsstatus nicht, bis es auf dem Putz- oder Reitplatz angekommen ist.

Viele Kommunikationsprobleme zwischen Mensch und Pferd lassen sich hier bereits erkennen und auch lösen.
Also, bist du da? Dann durchgeatmet und aufgerichtet!
Ab jetzt solltest du gelassene Leitstute sein und das ›Lernen am Erfolg‹ in deinem Sinne anwenden.

Zunächst schaue nach den Grundbedürfnissen deines Pferdes:
Welchen Eindruck macht dein Pferd? Ist es gesund?
Hast du Zweifel, ob es deinem Pferd rundum gut geht, solltest du auf eine Arbeitseinheit verzichten, und dich stattdessen in deiner Beobachtungsgabe und Entscheidungskompetenz üben. Braucht dein Pferd eher einen Tierarzt oder einen Chiropraktiker usw.?
Sind seine Grundbedürfnisse heute befriedigt? Bei manchen Pferden reicht ein kleiner Schlenker vorbei am Wasserfass.

Mag sich dein Pferd dir anschließen?
Hier zeigen sich nun deine Leitstuten-Fähigkeiten! Bei einem »Ja!« spürst du eine Verbindung, dein Pferd beobachtet dich oder hat zumindest immer ein Ohr auf dich gerichtet und folgt deinen Bewegungen.
Na dann: Herzlichen Glückwunsch! Du kannst schon ein bisschen Körpersprache. Du gehst los, dein Pferd folgt dir hinter deiner Schulter gehend aufmerksam, ob frei oder am losen Strick bis zum jeweiligen Arbeitsplatz. Es ist völlig egal, ob dein Pferd rechts oder links von dir geht, außer vielleicht auf einer Straße.

Die zweite Antwortmöglichkeit ist ein »Nein«. Nun stellt sich die Hauptfrage, was du oder dein Pferd brauchen, um eine Verbindung zueinander zu bekommen. Du kannst dazu eine Checkliste nutzen, die du auch im Teil II in verkürzter Form und zum Download findest.

1. Von wem geht die Unsicherheit aus? Mensch oder Pferd?

Mensch: Habe ich den leisesten Zweifel daran, dass ich führen kann? Sorge ich mich, was heute schieflaufen könnte?
Sollte das der Fall sein, solltest du dir einen frustrierenden Tag mit deinem Pferd ersparen.
Pferd: Du solltest deine Körperhaltung dahingehend überprüfen, ob du im Leitstutenmodus bist.

2. Was sagt die Körperhaltung des Pferdes aus?

Ist es neugierig, kommt auf dich zu, richtet die Ohren auf dich, bleibt in einem angemessenen Abstand stehen, macht einen langen Hals und berührt deine ausgestreckte Hand mit den Nüstern zur Begrüßung?
Oder kommt es gleich ganz dicht ran, stöbert in deiner Tasche, rempelt dich mit seiner Schulter an und/oder wirft seinen Kopf über deinen Kopf beim Halftern oder Losgehen?
Überprüfe deine Körperhaltung und fordere dein Pferd durch Erheben des Führungsarmes auf, rückwärtszutreten bis es den Abstand erreicht hat, den du brauchst! Achte darauf, dass der Abstand auch beim Führen nicht unterschritten wird und korrigiere eine Überschreitung durch das Heben deines Armes!
Oder beobachtet das Pferd dich gar nur von weitem und dreht ab, sofern du in seine Nähe kommen möchtest?
Gehe sofort in die Hengst-Position! Beginne mit dem bewussten Vor-dir-Hertreiben!
Keine Angst vor großen Koppeln und Chaos in der gesamten Gruppe! Du musst dein Pferd lediglich am Fressen hindern und seinen bevorzugten Standort für eine kleine Weile einnehmen. Dazu musst du dich keinesfalls schnell bewegen. Die anderen Pferde reagieren selten auf einen gezielt maßregelnden ›Hengst‹. Du verhinderst das Fressen, bis dein Pferd seine Anschlussbereitschaft zeigt, welche durch Aufnahme des Blickkontaktes, durch Kauen bei gesenktem Hals angezeigt wird. Dann lade dein Pferd durch Abdrehen deiner Schulter dazu ein, heranzutreten.
Tipp: An dieser Stelle würde ich empfehlen, noch einen Zwischenschritt einzulegen, der dir eine Reflexionszeit verschafft:
Schließt sich dein Pferd an, frage z.B eine kleine Wendung oder eine andere einfache Aufgabe ab! Dann entlasse dein Pferd durch Abhalftern und sanftes Wegschicken. Bevor du erneut in Kontakt gehst, hast du nun Zeit, darüber nachzudenken, wie du die Kontaktaufnahme und eure gemeinsame Zeit auch für dein Pferd interessant gestalten könnest.
Dann schau in der nächsten Zeit, ob deine Idee funktioniert oder ob du die ›Fressverhinderungsarbeit‹ wiederholen musst.
Oft ist es so, dass Pferde sich dann entziehen, wenn sie keine positiven Erlebnisse mit dem Geholtwerden verknüpfen, denn dadurch endet ein für sie angenehmer Zustand.

3. Hast du eine klare Körperhaltung?

Läufst oder schlenderst (›schleichst‹) du zu direkt auf dein Pferd zu und es sieht sich durch das Raubtierhafte an dir bedroht und geht?
Du solltest dich deinem Pferd locker, aufrecht mit leicht ausgestrecktem Arm halb seitlich von vorne

nähern, so dass deine Augen das Pferd nicht fixieren!

Tipp: Unsicheren Pferden nähere dich außerdem in großen Bögen.

Dann bleib in einem Abstand stehen, der es dem Pferd ermöglicht, ein paar Schritte auf dich zuzugehen, zunächst seinen Hals auszustrecken und deinen Handrücken, also deine Nüstern und Lippen, zu beschnuppern.

4. Bist du zu angespannt in deiner Aufrichtung?

Dein Pferd erkennt dich zwar als ranghöher an, aber du übst zu viel energiereichen Druck aus und es weicht deswegen von dir fort.

Lockere deine Arme und Beine! Schüttle leicht deinen Rücken! Atme ruhig in deinen Bauch und nähere dich dann dem Pferd wie vorher beschrieben!

Ihr habt euch nun gegenseitig begrüßt und das Pferd hat sich dir angeschlossen.

Nun soll es sich führen lassen, anhalten, beim Öffnen eines Tores stillstehend abwarten, dann um dich herumtreten, um anschließend wieder stillzustehen, bis du das Tor oder die Tür geschlossen hast. Es soll am Putzplatz ruhig stehen,

Poki steht in der Parkposition. Lisa fordert ihn durch das Handzeichen auf, dort zu bleiben und entfernt sich gleichzeitig rückwärts.

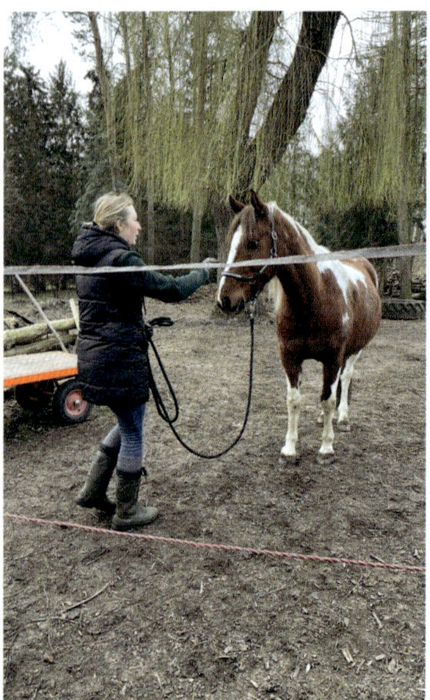

Während des Öffnens des Tores behält Lisa ihr Pferd im Blick.

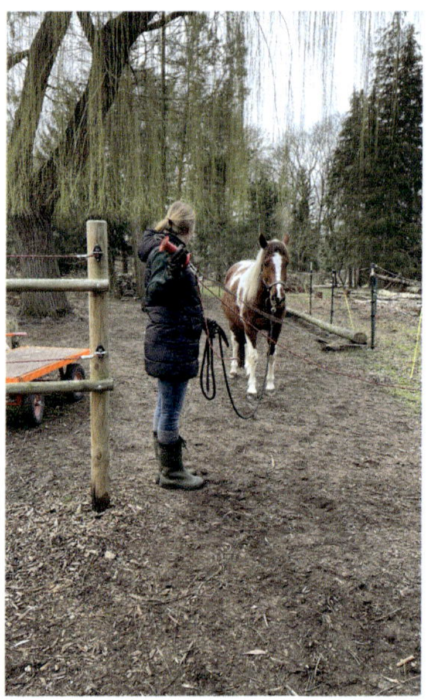

Poki steht auch bei geöffnetem Tor weiter ruhig in der Parkposition. Lisas ausgestreckter Arm begrenzt anfangs zusätzlich.

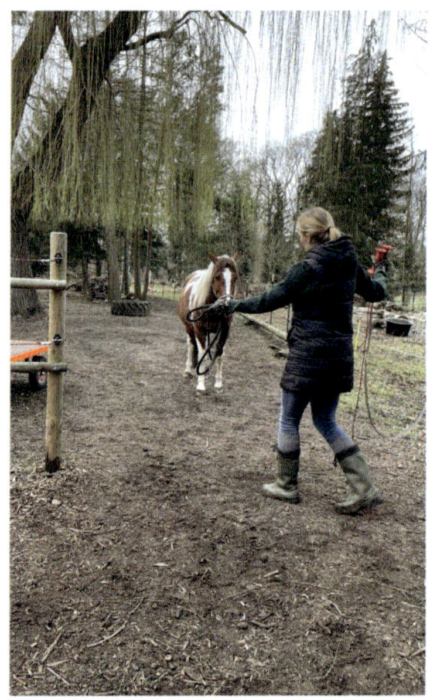

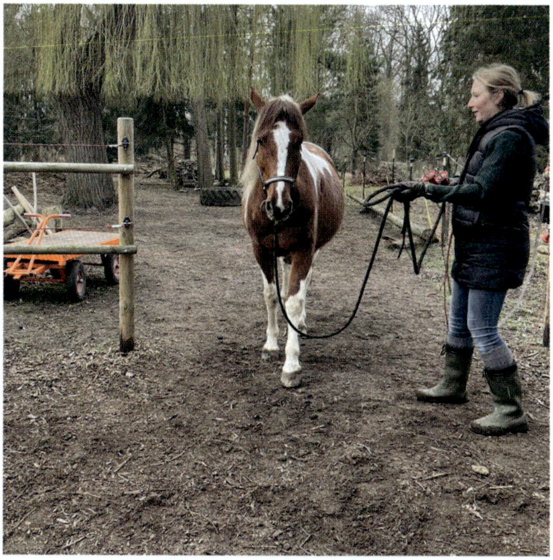

Lisa steht nun seitlich und hat Poki aufgefordert, durch das Tor zu treten.

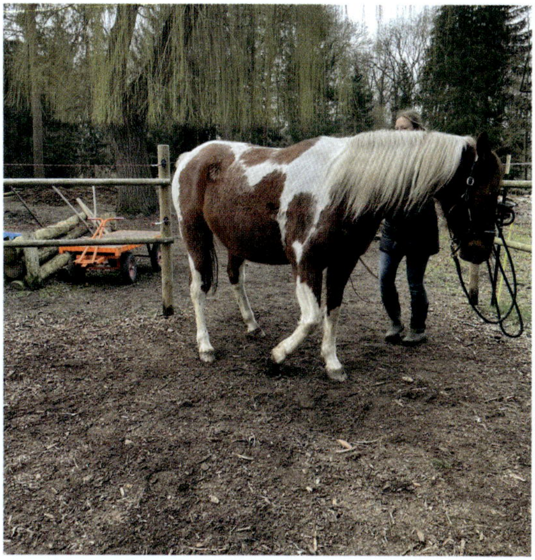

Lisa geht auf Pokis Hinterhand zu und leitet so die Vorderhandwendung ein, um ihn wieder in die Parkposition zu bringen.

Lisa hilft Poki geduldig, eine geschlossene Haltung einzunehmen, was ihm noch immer schwerfällt.

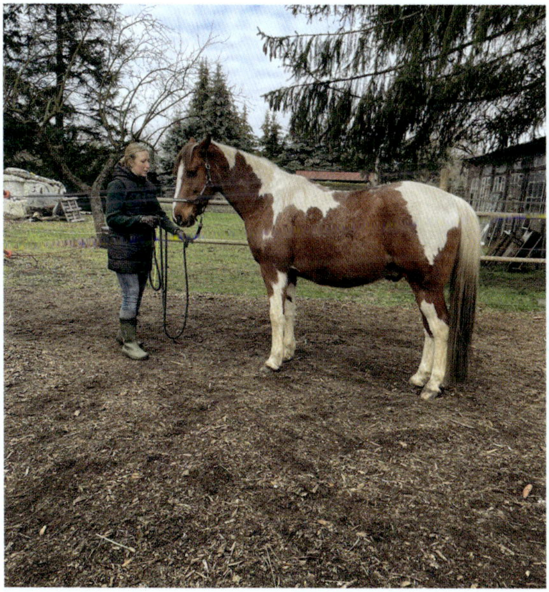

Nun erst entfernt sie sich, um das Tor zu schließen.

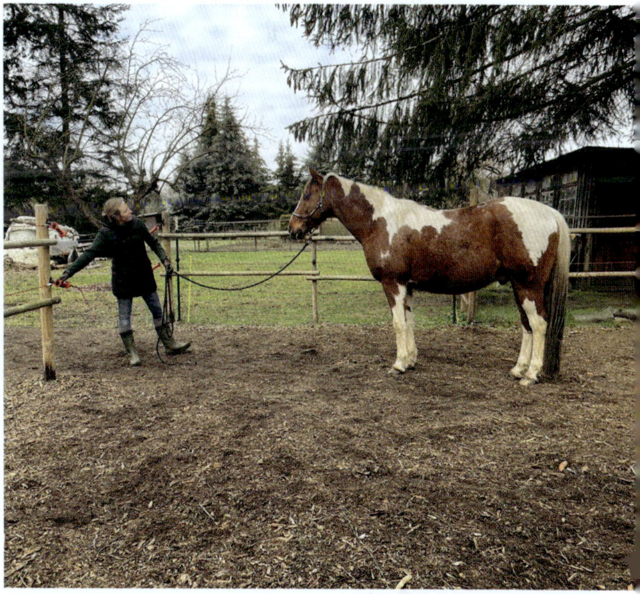

vorsichtig die Hufe heben und absetzen, bewegungsarm warten, während du das Sattelzeug holst oder einen Schwatz mit einem anderen Pferdemenschen hältst. Dein Pferd soll sich auf dem Platz konzentriert oder im Gelände gelassen verhalten. Nicht zuletzt soll es bei der Futtergabe ruhig bleiben und abwarten, bis die spitze Heugabel oder dein Kopf außerhalb der pferdischen Reichweite sind.
Dazu bedarf es sicherer PFERDE-GERECHTer Führung.

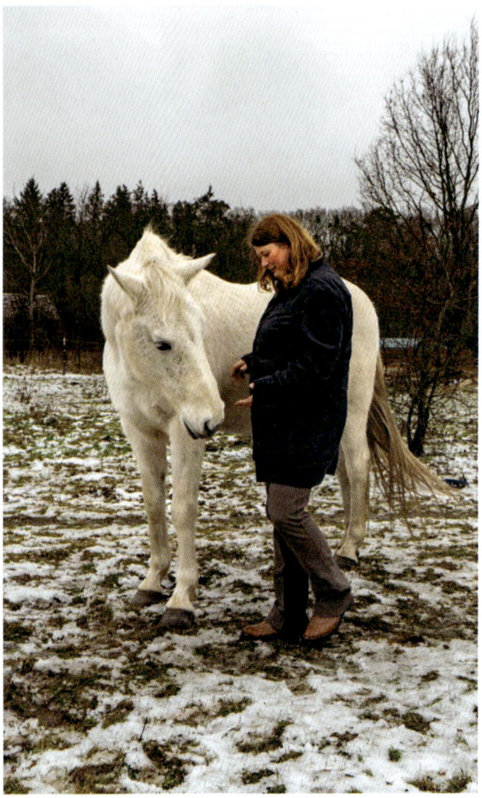

6. Am Boden wird gesät ...

Wie du nun weißt, gehen die anderen Familienmitglieder meistens mit der Nase mindestens hinter der Schulter der Leitstute. Sie weiß genau, wo sie hinwill. Sie hat immer ein Ziel, läuft nie ziellos im Kreis. Das solltest du immer auf dem Schirm haben und dafür sorgen, dass auch du ein Ziel hast und dir dein Pferd frei oder am losen Strick hinter deiner Schulter gehend folgt. Von Mark Rashid stammt der Begriff ›passive leader‹ und ich finde ihn sehr passend. Die Leitstute führt mit Ruhe und Gelassenheit, besonnen und klar. Nur bei Pferden, die sich durch wiederholtes Weggehen entziehen wollen, imitierst du das Verhalten des Hengstes.

6.1. Imitation der Leitstute als Grundlage der Bodenarbeit

Also schon beim Holen des Pferdes sind in erster Linie deine Leitstuten-Fähigkeiten gefragt. Hältst du an, sollte auch dein Pferd stehen bleiben, ohne einen weiteren Schritt auf dich zuzukommen oder auch nur – wie bei besonders gewitzten Vertretern zu beobachten ist – das Gewicht in diese Richtung zu verlagern. Ich nenne das gerne ›Parken‹. Wenn du dich deinem Pferd zuwendest, soll dein Pferd auf leichtes Heben deines Führungsarmes rückwärts treten, bis es mit geschlossenen Beinen steht, sofern es das noch nicht von sich aus getan hat. Das ist die Grundlage für jeden weitere Aufgabe: die Parkposition.

Willst du z.B. ein Tor öffnen, signalisierst du deinem Pferd mit deiner freien Hand und einem kur-

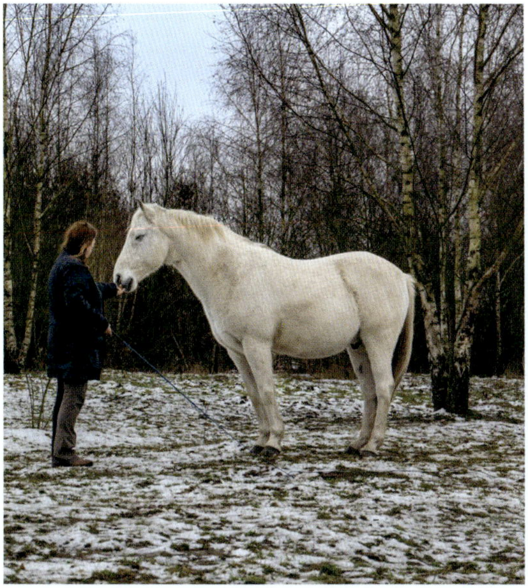

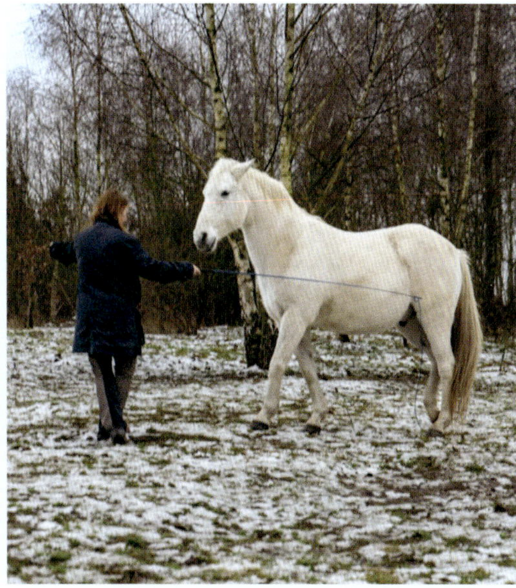

Pferde mit Vertrauen zu ihren Menschen arbeiten auch ohne Halfter mit.

zen Ausatmen ein »Stop!«. Nun wartet dein Pferd, bis du das Tor in Ruhe geöffnet hast. Du führst es hindurch, lässt es wenden und wieder parken. So verfährst du in Unaufgeregtheit und ohne Hektik überall, egal ob am Anbindeplatz, auf dem Reitplatz oder im Gelände.

Ein Pferd parken und sich entfernen können, ist eine Grundübung, die einen gewaltigen Unterschied macht. Auch dein von zappelnden Pferden genervter Hufbearbeitender wird es dir danken! So manches Mal kann man Pferd und Mensch beobachten, wie sie sich gegenseitig hochschaukeln. Das Pferd zappelt, der Mensch rupft an ihm herum usw. Das ist aus meiner Sicht nicht nur unschön, sondern auch komplett unnötig.

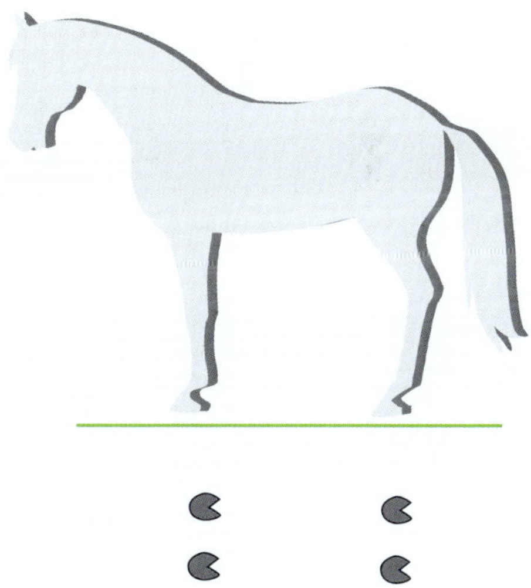

Geschlossene Grundhaltung ›Parken‹.

Jedes erwünschte Verhalten solltest du streichelnd unterstützen, jedes unerwünschte ignorieren und durch eine Alternativverhalten auslösende Aktion deinerseits unterbrechen. Überholt dich dein Pferd z.B. doch einmal, kannst du zunächst in einem 90-Grad-Winkel abbiegen und bist so wieder vor dem Pferd. Du forderst seine Aufmerksamkeit ein, indem du einfach abrupt anhältst, dabei sollte dein Pferd ebenfalls ohne weitere Vorwärtstendenz ›einfrieren‹.
Kommt das Überholen mehr als einmal vor, solltest du deine innere und äußere Haltung als Leitstute systematisch überprüfen.
Die folgenden Grundelemente der Bodenarbeit solltest du kennen und aus der Leitstuten-Position heraus einfordern können:

Du stehst seitlich zugewandt vor deinem Pferd. Du hast als Leitstute immer ein anvisiertes Ziel. Möchtest du nun vorwärts losgehen, drehst du dich in die gewünschte Richtung. Die dem Pferd zugewandte Schulter nimmt das Pferd mit in die Vorwärtsbewegung. Dein Gesicht bleibt halb dem Pferd zugewandt, so dass ihm dein Auge seitlich wie ein Pferdeauge erscheint. Benutzt du einen Strick, sollte dieser locker sein oder bei Bedarf lediglich zum Losgehen, zum Antraben oder zum Angaloppieren ein kleiner Impuls in Vorwärtsrichtung gesendet werden. Dein Pferd folgt dir in einem Abstand und im gewünschten Tempo in Richtung Ziel. Deine Schultern sind immer vor der Pferdenase und quer zum Pferdekörper. (Abbildung unten)

Komm mit! Wir gehen los!

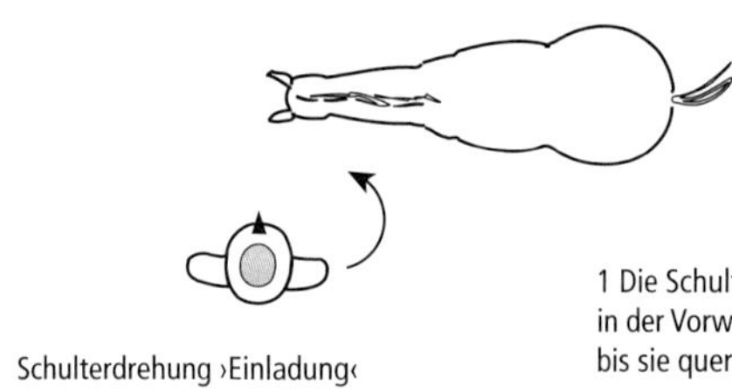

1 Die Schulter dreht sich in der Vorwärtsbewegung, bis sie quer zum Pferd zeigt.

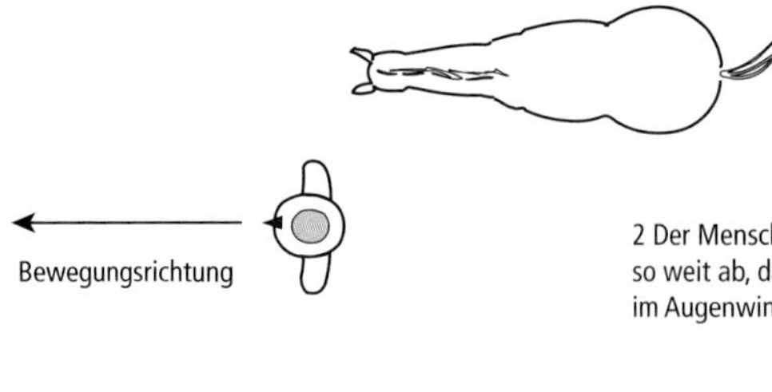

2 Der Mensch wendet seinen Blick so weit ab, dass er das Pferd nur im Augenwinkel sieht.

Bei der Zielankunft reicht es, egal aus welcher Gangart, selbst **anzuhalten** und deinen Nacken ein wenig lang zu machen. Du kannst das Wort »Halt!« oder ein anderes einführen. Das ist aber kein Muss. Dein Pferd bleibt in dem vorher gelaufenen Abstand stehen und nimmt die ›Parkposition‹ ein. (Abbildung unten)

Als Leitstute kannst du um dein stehendes Pferd herum und auch weiter weg gehen, ohne dass dein Pferd selbständig losläuft. Du kannst seitlich oder hinter dem Pferd stehen und es zum Wenden und Dehnen seines Halses auffordern. Manchmal forderst du eine Vorhand- oder Hinterhandwendung ein. Ein aufmerksames Pferd wird mit dem Körperteil ausweichen, auf den du als Leitstute deine Energie richtest – und z.B. auf seine Vorhand, die Mittelhand oder die Hinterhand zugehst. Punktgenaue Wendungen kannst du langsam und mit zusätzlichen körperlichen Hilfen (z.B. Armsignale) etablieren.

Bei der **Hinterhandwendung**, also der Bewegung der Vorderbeine um die Hinterbeine, trittst du im hinteren Halsbereich an dein Pferd heran, legst die dem Kopf zugewandte Hand in Höhe der Seitenriemen des Halfters an, und die dem Schweif zugewandte Hand an die Gurtlage etwas über dem Ellenbogen. Du gehst in Richtung Kopf auf dein Pferd zu. Kreuzt das dir zugewandte Vorderbein vor dem anderen Vorderbein, machst du eine Pause und lobst dein Pferd. (Abbildung Seite 38)

Halt!

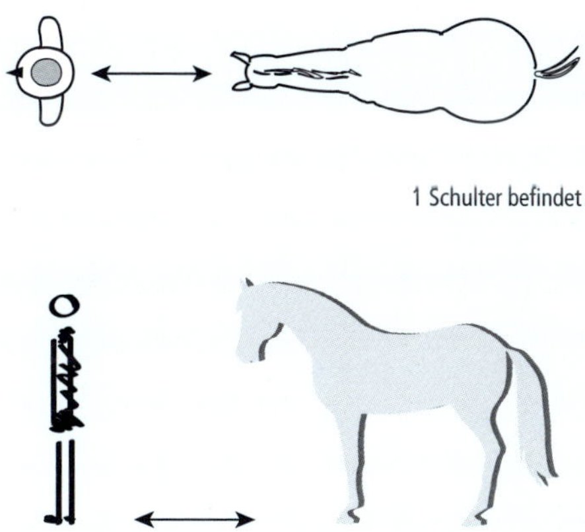

1 Schulter befindet sich quer zum Pferd.

Starke Aufrichtung
Kurzes Ausatmen

2 Deutliches Stehenbleiben
von beiden, ohne dass
der Abstand unterschritten wird.

3 Blick nach vorne gerichtet.

Bei der **Vorhandwendung**, also dem Herumtreten der Hinterbeine um die Vorderbeine, stehst du in Höhe der Flanke. Deine dem Pferdekopf zugewandte Hand fordert dein Pferd zum Wenden des Halses auf, so dass sich die Pferdenase an deiner ausgestreckten Hand befindet. Die dem Schweif zugewandte Hand zeigt in Richtung des Oberschenkels, während du auf die Hinterhand zugehst. Nach dem ersten erfolgten Schritt trittst du ein Stück zurück und lobst; es soll sich nun ausruhen und die Aufgabe verarbeiten. (Abbildung Seite 39)

Aus dem Anhalten kannst du dein Pferd auch auffordern, **rückwärts zu gehen** (Abbildung Seite

Hinterhandwendung: Dreh dich um, aber geh nicht weg.

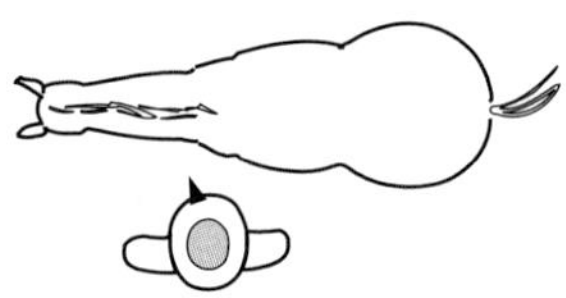

1 Schultern parallel zum Pferd

2 Blick Richtung Bug/Vorderfüße

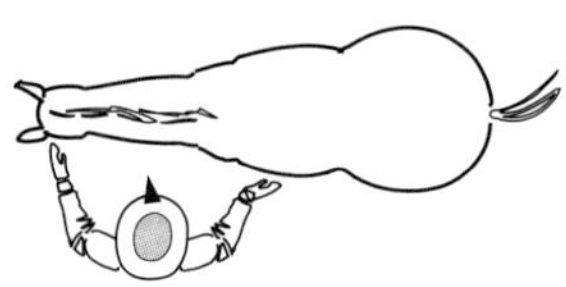

3 Eine Hand seitlich am Pferdekopf, eine Hand in Gurtlage

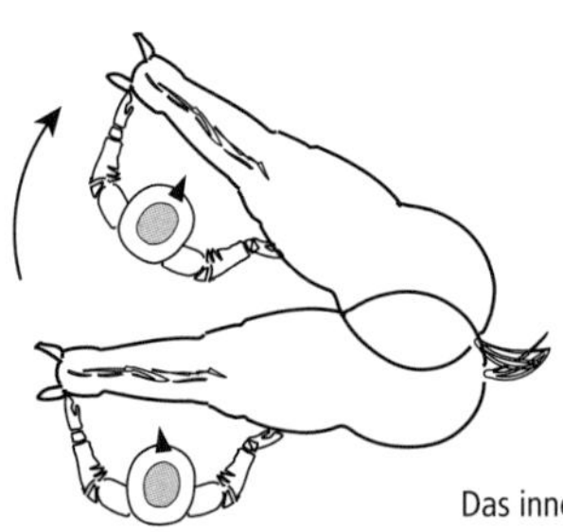

Das innere Vorderbein kreuzt über das äußere

40). Dazu richtest du dich ein bisschen mehr auf und baust in diese Bewegung einen Bogen ein, der von deiner Lendenwirbelsäule in Richtung Kopf geht und die Energie über die Schultern nach hinten sendet. Gleichzeitig hebst du deine Füße deutlich an und gehst energiereich einen Schritt rückwärts.

Tipp: Aus Sicherheitsgründen rückwärts zu gehen, kommt bei Pferden nicht sehr oft vor. Das Rückwärtsrichten ist in der Sprache der Pferde oft eher eine mittelharte Maßregelung und sollte daher von dir nur sehr selten abverlangt werden. Gerade bei Hengsten und führungserfahrenen

Vorhandwendung: Dreh dich um und folge mir mit deiner Aufmerksamkeit.

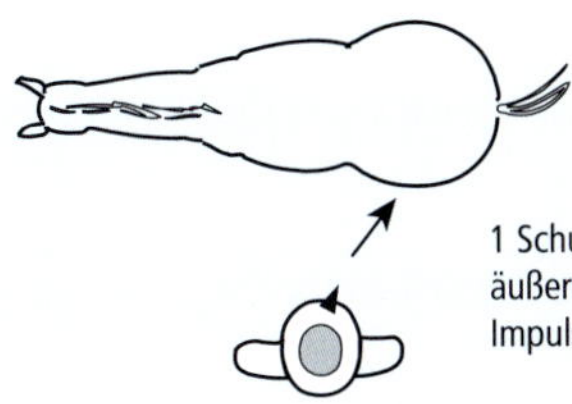

1 Schulter parallel zum Körper, äußere Schulter in Richtung Körper, Impuls für die Drehung

2 Blick in Richtung Hinterhand

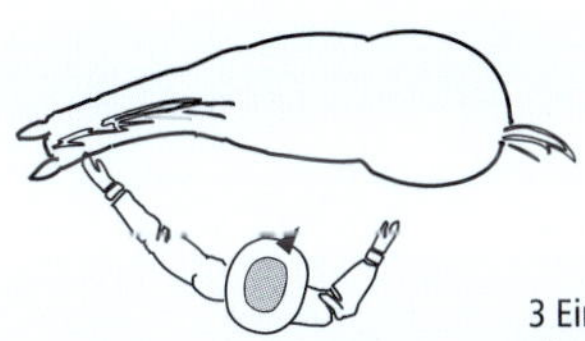

3 Eine Hand unterstützt die Halsbiegung des Pferdes, eine Hand deutet auf die Hinterhand/Oberschenkel

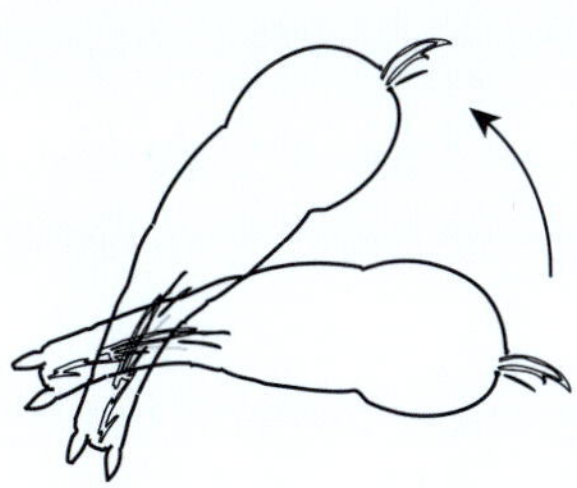

Das innere Hinterbein kreuzt vor dem äußeren

Tieren kann das Rückwärtsrichten schnell Frustrationen auslösen. Das ist nicht im Sinne eines PFERDE-GERECHTEN Umgangs. Rückwärtsrichten als Übung muss anfangs immer sehr kurz gefordert und mit einer Extra-Portion Lob begleitet werden. (Abbildung unten)

Stellt dein Pferd deine Leitstutenkompetenz in Frage, sollte deine Körpersprache deutlicher, aber nicht hektisch werden.
a) Beim Anhalten richtest du dich sehr stark auf, indem du dein Brustbein anhebst und die Schulterblätter zusammenführst. Deine Füße bleiben vollständig auf dem Boden. Dein Stand ist breit und sicher. Deine Arme kannst du zur Unterstützung deines Raumanspruches nach oben nehmen.
b) Hält dein Pferd nicht sofort an, gehst du energetisch ein paar wenige Schritte rückwärts, so dass dein Pferd weichen muss und aufmerksamer wird.
c) Du bietest deinem Pferd immer wieder an, sich anzuschließen.
d) Gelingt dir dies nicht, solltest du ein Video von dir aufnehmen lassen und dieses selbst analysieren oder dich beraten lassen, denn eine Leitstute führt genau über diese Verhaltensweisen.

Die Bewältigung von Fütterungssituationen gehört ebenfalls zur Bodenarbeit. Wie du bereits

Rückwärts

1 »Rückwärts, bitte. Das ist sicherer.«

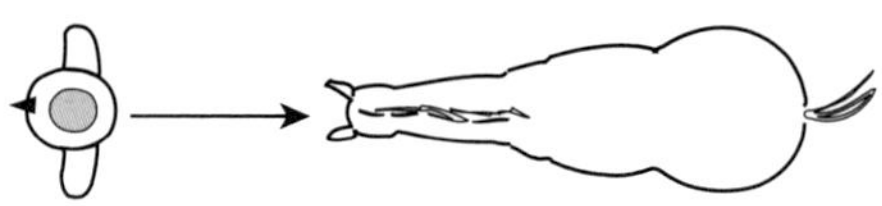

1 ruhig, langsam, besonnen

2 etwas energischer

2 »Rückwärts, du bist zu nah.«

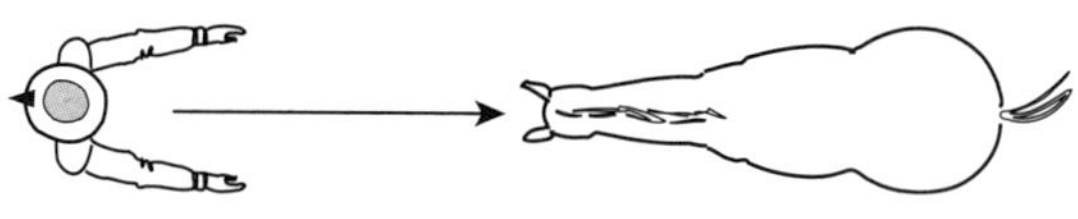

3 Blick nach vorne gerichtet

4 Arme können unterstützen

weißt, füttert eine Leitstute die anderen Pferde nicht. Wird von dir Futter gereicht, beanspruchst du z.B. die Schüssel zunächst für dich, stellst sie auf dem Boden ab und bleibst daneben stehen. Zeigt sich dein Pferd ruhig und gelassen wartend, lädst du es durch die Freigabe zum Fressen ein.

Tipp: Ob du eine Verbindung zu deinem Pferd hast, merkst du an seiner Aufmerksamkeit, bei der zumindest das dir zugewandte Ohr fast durchgehend auch auf dich ausgerichtet ist. Dein Pferd beobachtet deine Bewegungen und reagiert sehr fein auf diese – wie in einem kommunikativen Tanz. Dein Pferd folgt ohne Einsatz von Strick, Halfter usw. ungeachtet von Gras, Artgenossen und ›Monstern‹.

6.2. Imitation der Leitstute zur Vorbereitung des zukünftigen Reitpferdes

Die Arbeit vom Boden in der Leitstutenposition ist sehr vielfältig und bietet neben der optimalen Vorbereitung auf das Gerittenwerden auch eine sehr schöne Alternative dazu an. Auf Spaziergängen lernt dein Pferd alle ›Monster‹ kennen, die ihm auch später als Reitpferd begegnen werden, von der Schafherde bis zu den Schlagschatten der Windräder. Machst du als Leitstute einen guten Job, werden diese noch neuen ›Monster‹ zwar registriert, aber als ungefährlich, weil für die Leitstute okay, akzeptiert. Beim Joggen, als Handpferd oder am Fahrrad kannst du deinem Pferd darüber hinaus Bewegungsmöglichkeiten im Trab und im Galopp bieten.

Zur Vorbereitung auf das Reitpferdedasein durch Sicherheit, die du als Leitstute bietest, gehören:

- Anti-Schreck-Training (mehr für dich als für das Pferd)
- das PFERDE-GERECHTe Satteln
- die Gewöhnung an die Zügelhilfen
- vorbereitende Übungen mit Gewichten und/oder Reiterimitat

Zur Vorbereitung auf das Satteln sollte dein Pferd innerhalb des Anti-Schreck-Trainings lernen, Gegenstände, Tücher und Decken und deren Bewegungen auf seinem Rücken zu dulden. Du beginnst dabei natürlich in der ›Parkposition‹ und gehst erst später zu der Duldung in Bewegung über. Gelassenheit und das Prinzip ›Weniger ist mehr!‹ sind dabei die Leitmotive.

Das Anti-Schreck-Training ist sehr individuell. Bist du eine echte Leitstute, gibt es dabei keine Probleme. Das Pferd lernt die Dinge einfach kennen. Oft liegt es am Menschen, wenn ein Pferd ›guckig‹ ist. Entweder der Mensch scannt selbst ständig besorgt und unsicher, was Angst auslösen könnte. Oder er nimmt das ›Thema‹ des Pferdes auf und schaut unsicher in die vom Pferd gedeutete Richtung. Kommt das so in einer Pferd-Mensch-Verbindung vor, wird das Pferd einen solchen Menschen nicht als Leittier anerkennen und es wird ihm nicht vertrauen.
Hier müssen zunächst wir Menschen unser eigenes Verhalten ändern, um jederzeit Sicherheit zu vermitteln. Darauf gehe ich im 8. Kapitel etwas genauer ein.

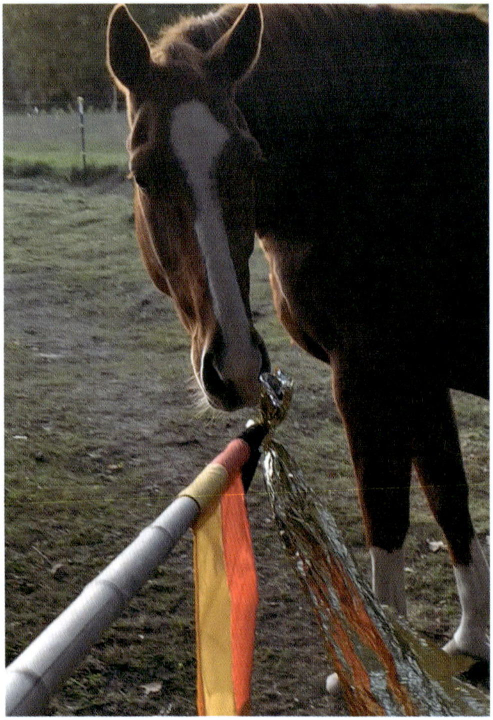

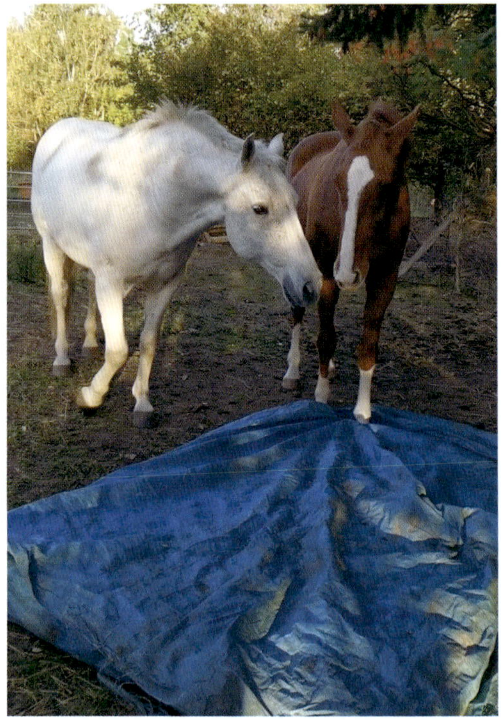

Desensibilisierung und freie Arbeit an Schreck-Hindernissen.

Das PFERDE-GERECHTe Satteln genau wie das Aufschirren wird durch das Auflegen und Verschieben von Decken sowie das Umlegen einer Longe oder eines langen Führstrickes um die Gurtlage vorbereitet, so dass ein Schließen und sehr leichtes Anziehen des Sattel- oder Bauchgurtes später kein Problem darstellen. Ein Gurt darf nicht sofort festgezurrt werden. Mit einem langsamen und vorsichtigen Anziehen des Gurtes beugt man dem durch Stress ausgelösten Sattelzwang vor. Es ist wichtig, auf die Signale zu achten, die dein Pferd dir gibt. Bereits das schnelle Zurücknehmen der Ohren, das schnellere Umdrehen des Kopfes in Richtung Gurt, ein Stampfen mit einem Hinterbein oder leichtes Schweifschlagen können Signale für Unbehagen darstellen. Diese sind immer ernst zu nehmen!

Ist dein Pferd so weit, kannst du beginnen, den Sattel zu beschweren. Dazu kannst du z.B. zwei mit Sand befüllte Säcke verbinden und über den Sattel hängen. Das Gewicht lässt sich beliebig steigern. Manche nutzen auch selbst gebastelte Reiterimitate, um ihre Pferde an Bewegungen, die

Das Leitmotiv
›WENIGER IST MEHR‹

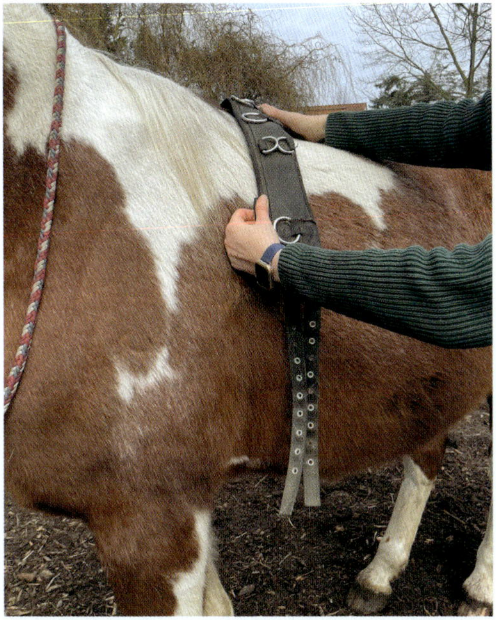

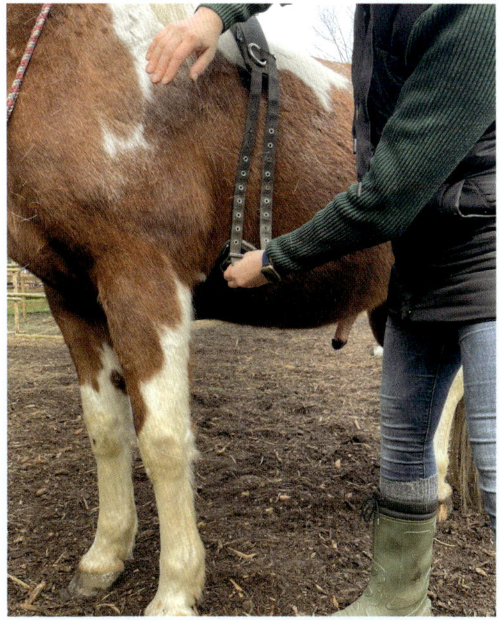

Fotos oben: Gurtübung - Wichtig ist das langsame Schließen und etappenweise Anziehen des Gurtes, um von Anfang an den sogenannten Sattelzwang zu vermeiden.

Foto unten: Auch das Satteln sollte entspannt und ruhig erfolgen. Selbst ein erfahrenes Pferd darf dabei in Kommunikation mit uns bleiben. Hier das erste Zeigen der Satteldecke.

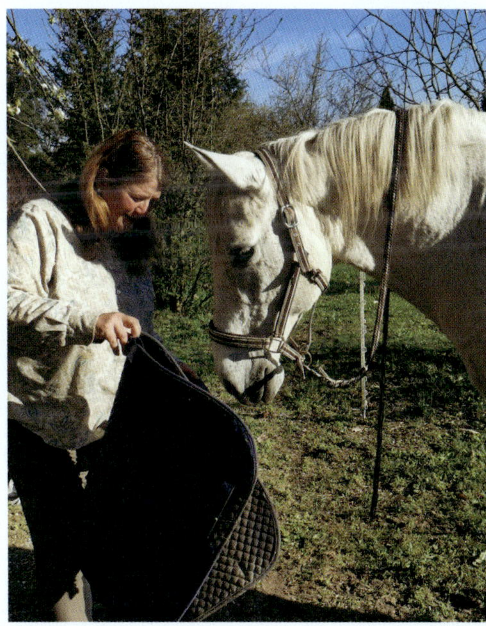

plötzlich in deren Sichtfeld auftauchen und verschwinden, zu gewöhnen.

Egal, mit welcher Art von Zaumzeug du arbeiten willst – dein Pferd sollte darauf vorbereitet werden.
PFERDE-GERECHT sind aus meiner Sicht nur einfache Halfter und mundstücklose Zäumungen ohne Hebelwirkungen wie z.B. ein gut sitzendes Sidepull mit weichem Nasenteil. Es bedarf sehr fein arbeitender Hände mit anderen Zäumungen, wenn man dem Pferd damit keinen Schaden zufügen will. Und selbst mit einem Halfter solltest du weich in der Hand bleiben. Welche Wirkung

schon eine einfache Wassertrense haben kann, kannst du mit der ›Mundstück-Übung‹ im Teil II herausfinden. Stellst du dir noch zusätzlich den Druck auf Genick und Nase vor, den unvorsichtige Kandaren- oder Hackamore-Anzüge bewirken, kannst du dir leicht Verspannungsprobleme und ›Widersetzlichkeiten‹ von Pferden erklären.
Zum Kennenlernen der Zügelhilfen z.B. beim Sidepull stellst du dich vor dein parkendes Pferd und klinkst die Zügel links und rechts in die seitlichen Ringe ein. Noch hast du die Zügel locker in den Händen. Du hebst deine rechte Hand seitlich an, so dass eine leichte Verbindung zwischen deiner Hand und dem Ring am Sidepull entsteht. Reagiert das Pferd bereits darauf, lobst du und pausierst, bevor du das Gleiche mit deiner linken Hand tust. Reagiert dein Pferd noch nicht, gibst du einen sehr leichten Impuls (Stell dir etwa 3 bis 5 Gramm Gewicht vor!) nach rechts an das Kopfstück weiter, der bei Bedarf wiederholt wird. Bewegt dein Pferd nun seinen Kopf in diese Richtung, wird es gelobt. Genauso verfährst du nach einer kleinen Pause mit deiner linken Hand. Dein Pferd weicht dabei dem Druck aus, der auf der gegenüberliegenden Seite entsteht. Im weiteren Trainingsverlauf kannst du auch die Einwir-

Das Sidepull kennenlernen. Durch das beidhändige Greifen der Zügel ohne weitere Einwirkungen bemerkt das Pferd durch selbständige Kopfbewegungen die Wirkungen des Sidepulls und richtet sich mittig aus.

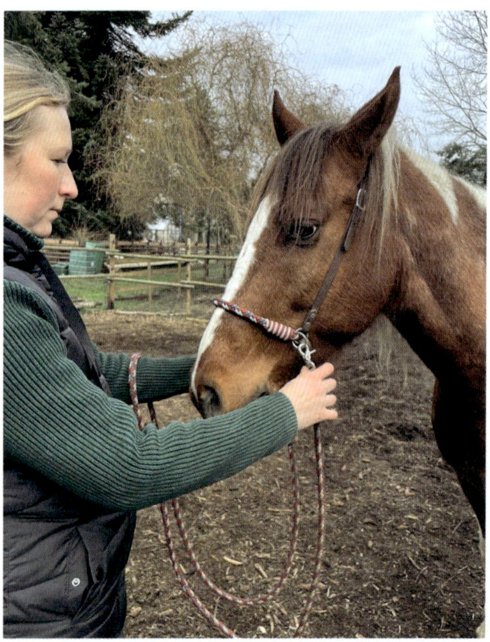

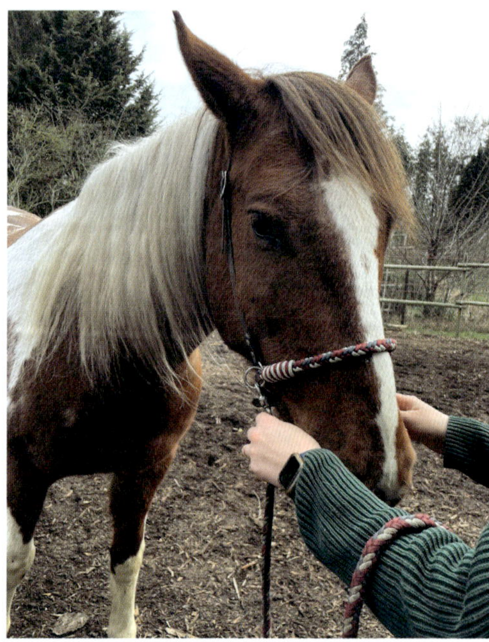

kung des Zügels an den Halsseiten mit in das Repertoire aufnehmen.

Tipp: Gemeinsames Joggen oder stramme Spaziergänge sind optimale Arten, ein Pferd aufzuwärmen.
Wieso das Aufwärmen des Pferdes aus der Rolle der Leitstute heraus erfolgen sollte, wird dir im nächsten Kapitel sehr deutlich werden.

6.3. Imitation des Hengstes in der Freiarbeit und an der Longe

In der Langzügelarbeit auf dem Platz und im Gelände sowie in der Longenarbeit sind nun deine Kompetenzen als Hengst gefragt. Beobachtest du diesen, so erkennst du, dass er durch seine Körperstellung zu den anderen Pferden, den Abstand zu ihnen und seiner eingesetzten Energie sowohl die Geschwindigkeit als auch die Richtung bestimmt. Ein Hengst schickt andere Familienmitglieder nur um sich oder die Gruppe herum, wenn er sie maßregelt. Das geschieht sehr selten, da Pferde hohe soziale Kompetenzen besitzen. Je weiter entfernt das gemaßregelte Pferd von der Gruppe stehen muss, desto gefährdeter wäre es im Falle eines Raubtierangriffes. Der Hengst war-

Jetzt kann durch leichten Zug und bei Bedarf Hilfestellung auf der gegenüberliegenden Seite mit sanftem Druck der Kopf des Pferdes dirigiert werden.

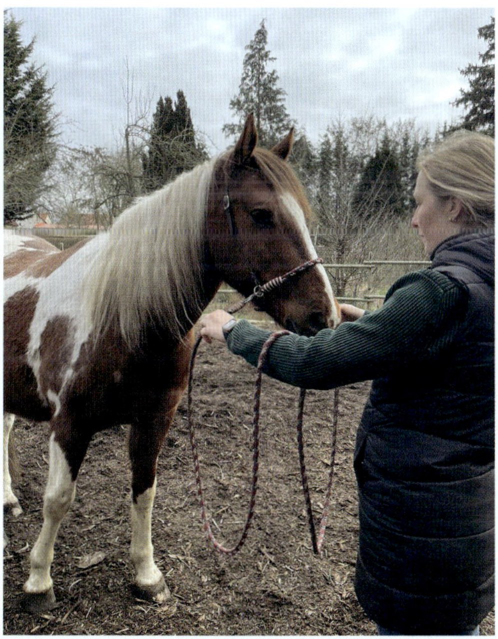

Joggen mit Pferd tut gut und ermöglicht gemeinsame Erlebnisse, egal ob mit Fohlen, Reitpferden oder Senioren.

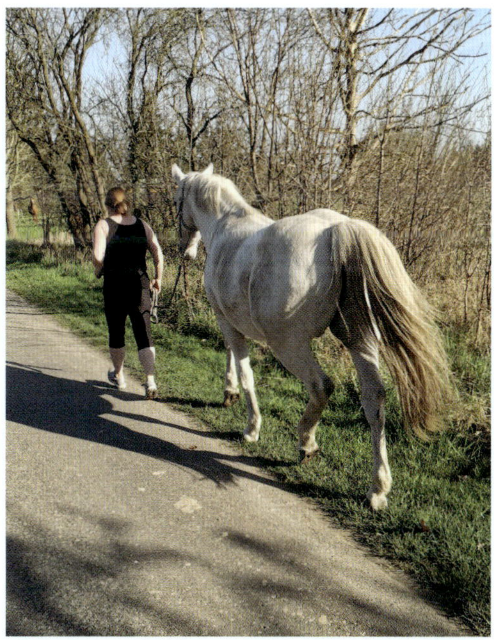

tet auf die Signale vom Gemaßregelten, die ihm anzeigen, dass dieser wieder bereit ist, sich anzuschließen und sich an die Regeln zu halten. Du solltest dein Pferd aus PFERDE-GERECHTER Sicht möglichst nicht an der Longe aufwärmen oder es längere Zeit ausschließlich im Kreis arbeiten. Was Menschen als korrekte Vorwärts-abwärts-Haltung, aufmerksames Zuhören und entspanntes Abkauen interpretieren, sind die Signale eines gemaßregelten Pferdes an den Hengst. Gehen Menschen darüber hinweg und laden ihr Pferd nicht zum Entspannen ein, entspricht dies nicht einer PFERDE-GERECHTEN Kommunikation!
Longenarbeit und die Arbeit in der Doppellonge muss wegen dieses Zusammenhanges langsam aufgebaut und mit sehr viel Lob begleitet werden.

Auch ist es von Pferd zu Pferd unterschiedlich, wie schnell Frustrationen ob des Nicht-Wahrgenommen-Werdens aufkommen oder ob es gelingt, diese Frustrationen mit Lob zu überlagern. In den folgenden Veranschaulichungen lernst du die ›Ansagen‹ des Hengstes in den jeweiligen Positionen kennen. Diese können selbstverständlich leicht variieren, je nachdem, welches Temperament das Pferd und der Mensch in der jeweiligen Begegnung mitbringen.

›Vorwärts!‹ und **›Mehr Go!‹** erfolgen hinter dem Pferd. Dazu kannst du dir ein rechtwinkliges Dreieck vorstellen, das du mit dem Pferdekopf und der Hinterhand bildest. Deine dem Pferd zugewandte Schulter übt den Druck aus, der von dei-

Treibende Hilfen in der Hengstposition

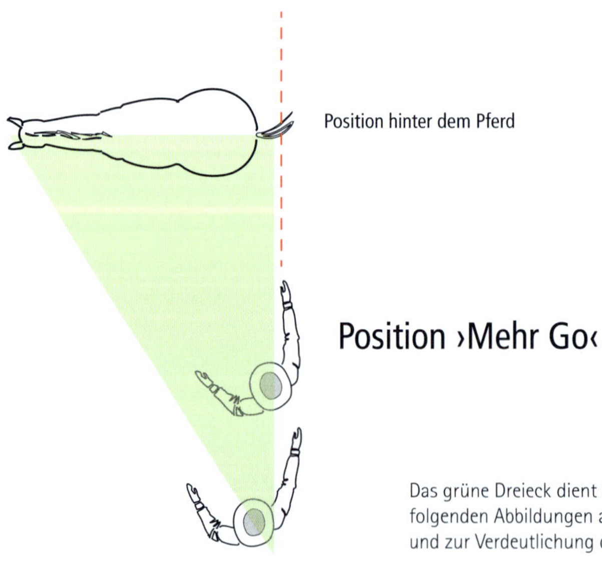

Das grüne Dreieck dient in allen folgenden Abbildungen als Orientierungshilfe und zur Verdeutlichung der Positionen.

nem dazugehörigen Arm durch eine energiereiche Aufwärtsbewegung in Richtung Hinterhand unterstützt werden kann. (Abbildung Seite 46)

Die Ansagen **›Tempo halten!‹** und **›Langsamer!‹** erfolgen, wenn du deine Position in Richtung der Mittelhand des Pferdes änderst. Deine Schultern sind für das Halten des Tempos parallel zum Pferd ausgerichtet. Zur Verlangsamung bewegst du dich bis auf die Höhe der Pferdeschulter und drehst deine vormals vom Pferd abgewandte Schulter leicht in Richtung Pferdeschulter. (Abbildung unten)

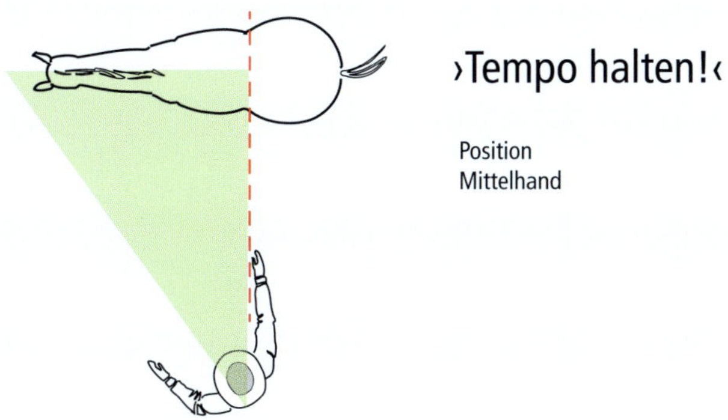

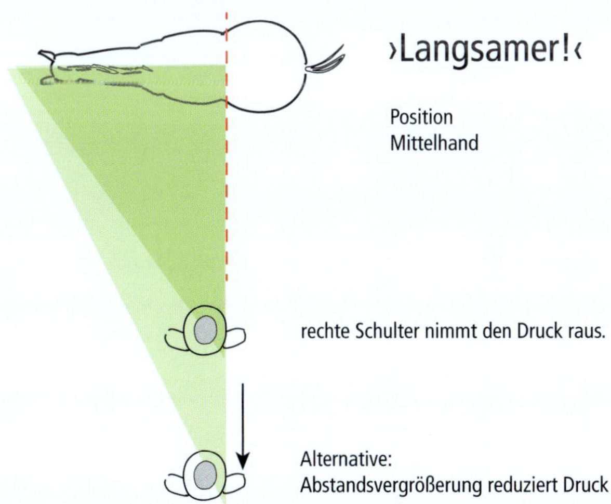

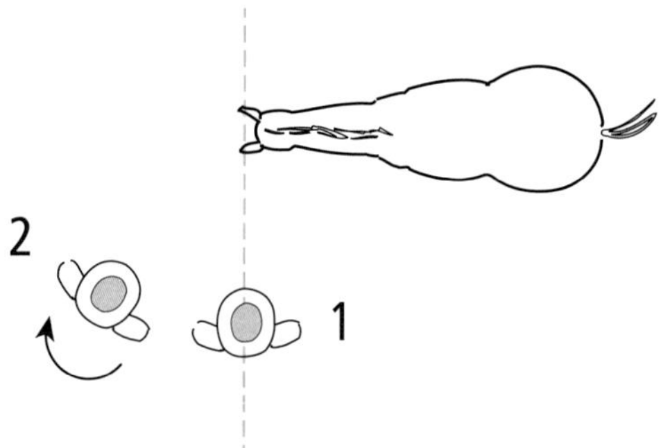

›Stop‹

Position vor dem Pferd

1 Positionswechsel von Mittelhand
in Richtung Kopf reicht meistens aus

2 Alternative: Drehen der linken Schulter
verstärkt das Stop-Signal

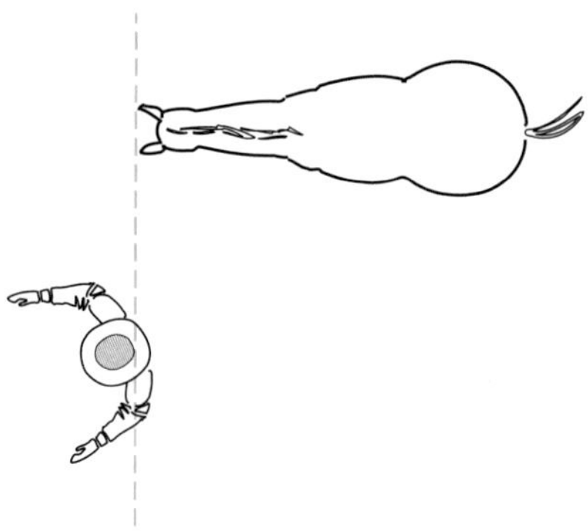

›Komm zu mir‹

Position vor dem Pferd

Drehen vom Pferd weg lädt das Pferd ein,
sich anzuschließen. Es gibt mehrere Varianten,
den Anschluss zu unterstützen.
(wie Aufnahme Blick und Abwenden; Hinhocken)

Zum **›Halt!‹** bewegst du dich in die Höhe vor der Pferdenase und drehst deine vormals abgewandte Schulter in Richtung Pferdekopf. Dein dazugehörige Arm kann durch eine langsame Aufwärtsbewegung unterstützen. Möchtest du, dass dein Pferd zu dir kommt, drehst du dich über die vormals zugewandte Schulter weg.
(Abbildung oben)

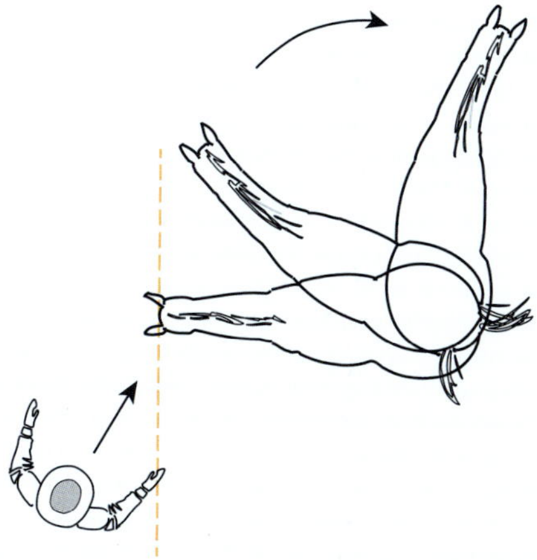

Richtungswechsel nach außen

Position vor dem Pferd

1 Bewegung in Richtung Pferdekopf.

2 Linker Arm begrenzt Vorwärtsbewegung.

Beide Arme unterstützen, um den nötigen Druck aufzubauen.

Möchtest du, dass dein Pferd **nach außen abdreht und die Richtung wechselt**, gehst du in Richtung Pferdekopf und drehst deine Schulter noch stärker ein, während dein ausgestreckter Arm als Begrenzung dient. Ist das Pferd auf der anderen Hand, kann wie bereits beschrieben fortgefahren werden.
(Abbildung oben)

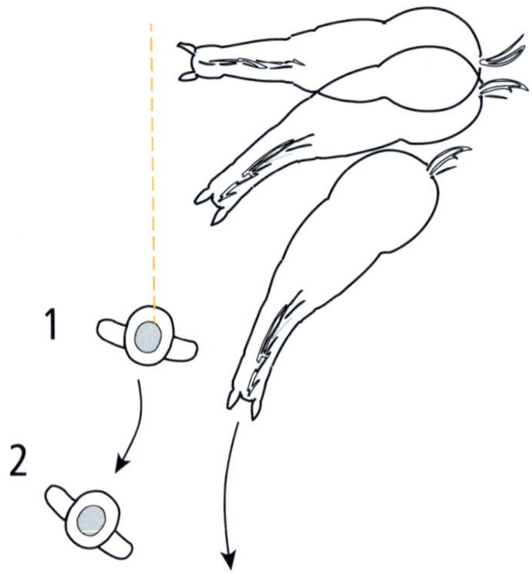

Richtungswechsel nach innen

Position vor dem Pferd

1 Leicht schräg rückwärts bewegen
2 Folgt das Pferd, ›öffnet‹ die rechte Schulter den Weg,

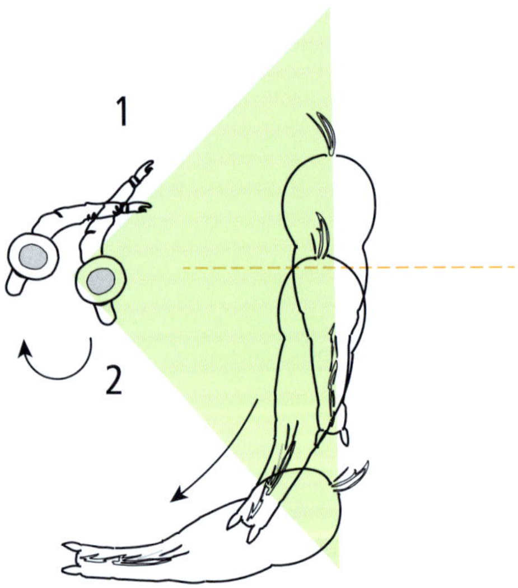

Position Mittelhand

1. Der linke Arm übernimmt die treibende Aufgabe
2. Die rechte Schulter ›öffnet‹ den weiteren Weg

Möchtest du, dass dein Pferd **nach innen dreht**, gehst du nun rückwärts Richtung Hinterhand statt auf den Pferdekopf zu. Währenddessen wechselst du die Longe von der einen in die andere Hand. Dein vormals abgewandter Arm begrenzt das Pferd in Vorwärtsrichtung, während du deine vormals zugewandte Schulter nach hinten nimmst und den Weg für das Pferd frei gibst. (Abbildung oben)

Rückwärts

Position vor dem Pferd bis Schulterhöhe

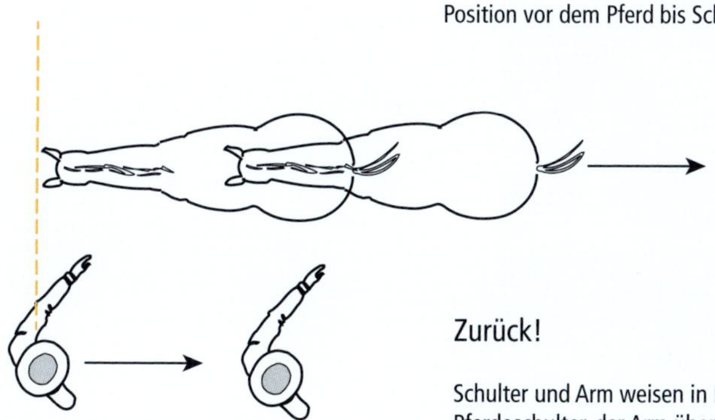

Zurück!

Schulter und Arm weisen in Richtung Pferdeschulter, der Arm übernimmt bei Bedarf die Druckerhöhung.

Achtung!

Rückwärts immer mit viel Lob verbinden und sparsam einsetzen, denn es ist von Seiten des Hengstes immer eine Zurechtweisung.

Aus dem Halten kannst du dein Pferd auch **rückwärts treten** lassen. Eine Variante, sich frontal vor das Pferd zu stellen und es durch eine Aufwärtsbewegung deines ausgestreckten Fingers oder bei Bedarf beider Arme zum Zurücktreten zu veranlassen, sollte nur sehr sparsam und mit viel Lob eingesetzt werden. Nur im Kampf stehen sich Pferde so extrem frontal gegenüber. (Abbildung oben)

Dein Pferd lernt dich in beiden Rollen kennen. Indem du zwischen der Leitstuten-Rolle und der Hengst-Rolle hin und her wechselst, bietest du

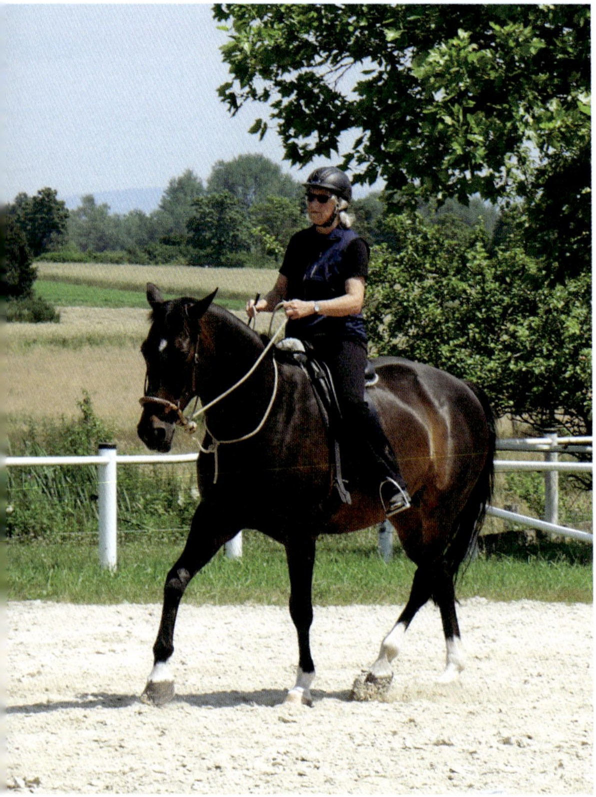

deinem Pferd sehr viel Sicherheit von allen Seiten und kannst somit entspannt z.B. an den die Tragemuskulatur aufbauenden Lektionen arbeiten. Bodenarbeit bietet so viele Möglichkeiten, schöne und abwechslungsreiche Zeiten mit deinem Pferd zu verbringen, ob ihr gemeinsam einen Parcours bewältigt oder joggen geht.

Wenn du einen guten Job am Boden machst, dann vertraut dir dein Pferd auch später eher beim (Ein)reiten, wo du eine Position einnehmen wirst, die für das Pferd ursprünglich lebensgefährlich war – auf seinem Rücken.

Nicht zuletzt deshalb sollte dein Pferd durch ein umfangreiches Anti-Schreck-Training daran gewöhnt sein, dass Dinge auf seinem Rücken liegen, Menschen seitlich von ihm auf und ab hopsen oder Leute erhöht auf einem Hocker Breakdance vollführen.

Tipp: Vielleicht hast du Lust, eine Wanderung mit deinem Pferd zu unternehmen oder gar mehrere Tage gemeinsam mit anderen unterwegs zu sein. Je mehr ihr PFERDE-GERECHT unterwegs seid, desto inniger wird die Beziehung zwischen euch und euren Pferden.

7. ... beim Reiten wird geerntet

7.1. Der Weg des sanften Reitens

Ein Raubtier auf dem Rücken zu spüren, bedeutet zunächst einmal äußerste Lebensgefahr. Pferde sind kooperativ und lieben es im Allgemeinen, ihrem Menschen zu gefallen. Durch die Gewöhnung an dein Lob am Boden, kann deine lobende Stimme deinem Pferd helfen, verschiedene Dinge und schließlich dich als Reiter auf seinem Rücken zu dulden.

Bevor du ›erntest‹, d.h. entspannte Ausritte genießen oder dein Pferd in deiner bevorzugten Reitweise ausbilden kannst, braucht es weitere Grundausbildung.

Um ein Pferd möglichst sanft und mit feinen Hilfen zu reiten, solltest du alle deine am Reiten beteiligten Muskeln und deinen Körpermittelpunkt kennen, ein gutes Balancegefühl entwickeln und deine Körperregionen unabhängig voneinander bewegen können.

Es kann sehr hilfreich sein,

- deinen Körpermittelpunkt zu erkunden,
- deine eigene Balance z.B. auf einem Reitsimulator zu trainieren,
- imaginär zu reiten und die entsprechenden Hilfen mental durchzugehen.

Wenn du an das Lernen durch Beobachtung und Nachahmen denkst, wird das vielleicht noch einmal klarer.

Dein Körpermittelpunkt lässt sich finden, indem du dir ein Band zwischen deinem Bauchnabel und deinem Steißbein denkst. In der Mitte dieses Bandes liegt unser Körpermittelpunkt (Bild unten).

Balance lässt sich auf jeder Kante oder auf einer Slackline trainieren. Effektiv sind auch Übungen, bei denen du versuchst, mit den Füßen auf zwei Tennisbällen zu stehen oder auf einem Gymnastikball zu sitzen und die Füße vom Boden zu lösen (Bilder unten).

Beim imaginären Reiten brauchst du nur im Laufen ein wenig dein Kreuz anzuspannen, indem du bei gehaltener Körperspannung das Becken zurückkippst, den Bauch minimal einziehst, deine Arme leicht anwinkelst und deine Hände zu sanften Zügelfäusten schließt.

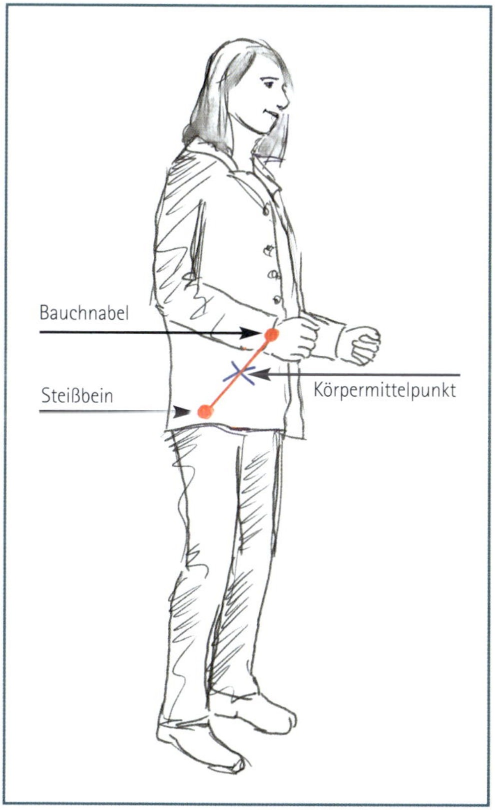

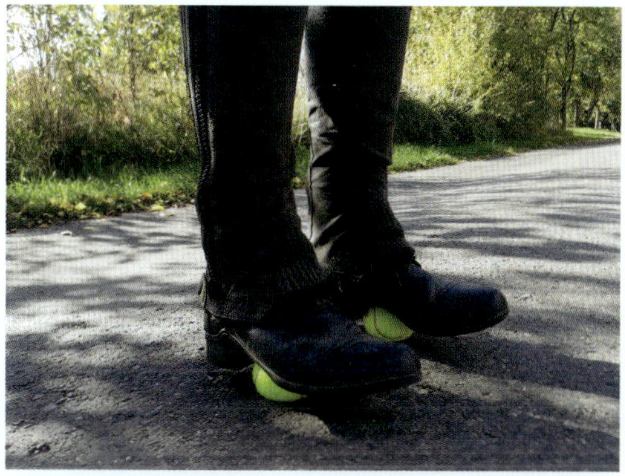

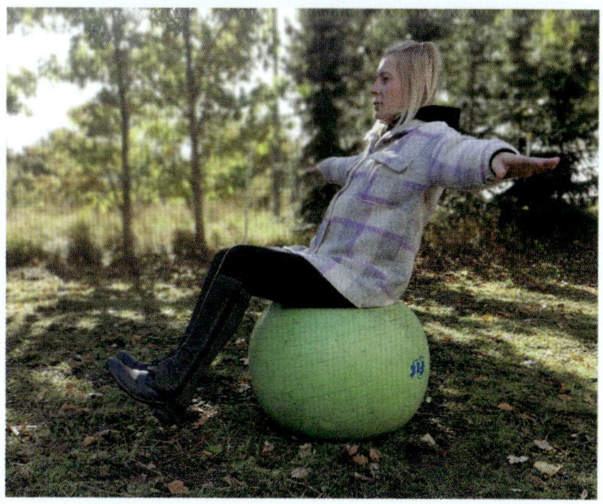

Selbstverständlich kannst du das so ausführen, wie du das für richtig hältst.
Früher habe ich das regelmäßig selbst geübt und auch meinen Pflegemädels ›Trocken-Reiteinheiten‹ gegeben. Meiner Meinung nach tragen solche Übungen sehr zum Verständnis dessen bei, wie unser Körper sanft Einfluss auf den Pferdekörper nehmen kann.
Es zeigt sich also, wie so oft im Leben, dass nichts unabhängig voneinander geschieht, alles bedingt sich gegenseitig und hat Einfluss auf das große Ganze.
Hier stelle ich dir einen kleinen Leitfaden vor, den du in Teil II unter Übungen zusammengefasst wiederfinden kannst.

Imaginäres Reiten

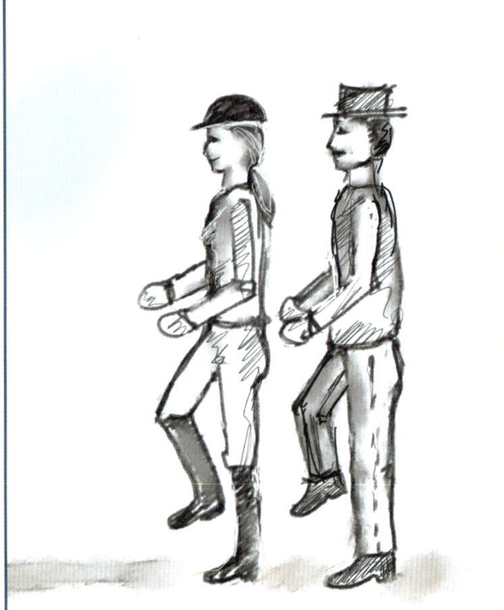

›Aqua-Dry-Riding‹

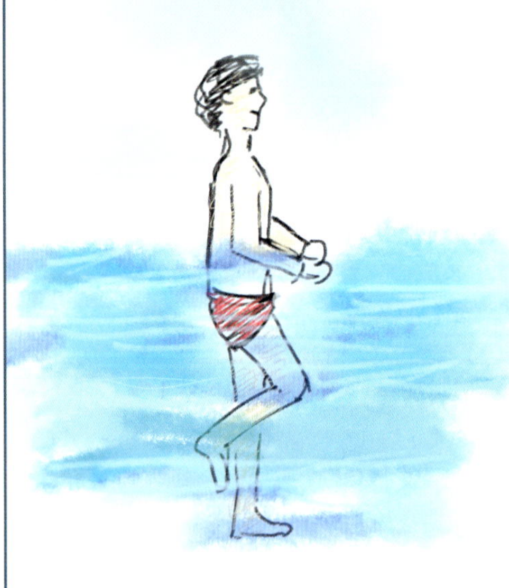

7.2. Imaginäres Reiten als ›Trocken-Übung‹

1. Was möchte ich als nächstes tun?
Nimm einmal an, du willst eine Volte reiten.
Wer führt, sollte immer einen Plan haben. Das ist bei Menschen ähnlich wie bei den Tieren. Planlose Anführer sind meistens nicht sympathisch-chaotisch, sondern unangenehm-cholerisch.

2. Wohin ist mein Blick gerichtet?
Teile dir den Kreis in vier Abschnitte ein und richte deinen Blick auf den Endpunkt des jeweiligen Abschnittes. Dreh dabei nicht allein deinen Kopf, sondern lass ihn gerade auf deinem Hals und nimm stattdessen deinen ganzen Körper mit! Du signalisierst dadurch deinem Pferd, dass du dieses fixierte Ziel hast und dorthin möchtest.
Dein Becken und deine Sitzbeinhöcker geben die

Richtung an. Durch die stabile, nicht abknickende! Körperdrehung um den Taillenbereich gibst du ganz von selbst, ohne bewusstes Zutun am äußeren Zügel nach, während sich gleichzeitig der innere Zügel verkürzt. Ein inneres Bein wird ›länger‹ und das äußere ›kürzer‹.

Kurz vor dem Erreichen des Zwischenzieles richtest du deinen Blick auf das nächste usw.

Besonderen Spaß macht diese Trainingseinheit im Wasser, das etwas höher als brusthoch tief sein sollte. Beim ›Aqua-Dry-Riding‹ ist dann auch ›Traben‹ und ›Galoppieren‹ nicht ganz so kraftaufwendig wie an Land.

All dies lässt sich 1:1 auf dem Pferderücken umsetzen. Wichtig ist bei der Durchführung, dass du nicht überprüfend an deinem Körper herunterschaust, weil das den Informationsfluss stört: Dein Ziel würde sich vom anvisierten Punkt irgendwohin nach unten, in Richtung Boden verschieben. Deine ganze Richtungsenergie ändert sich und die Sitzbeinhöcker üben nicht den zielführenden Druck aus.

Planung einer Volte.

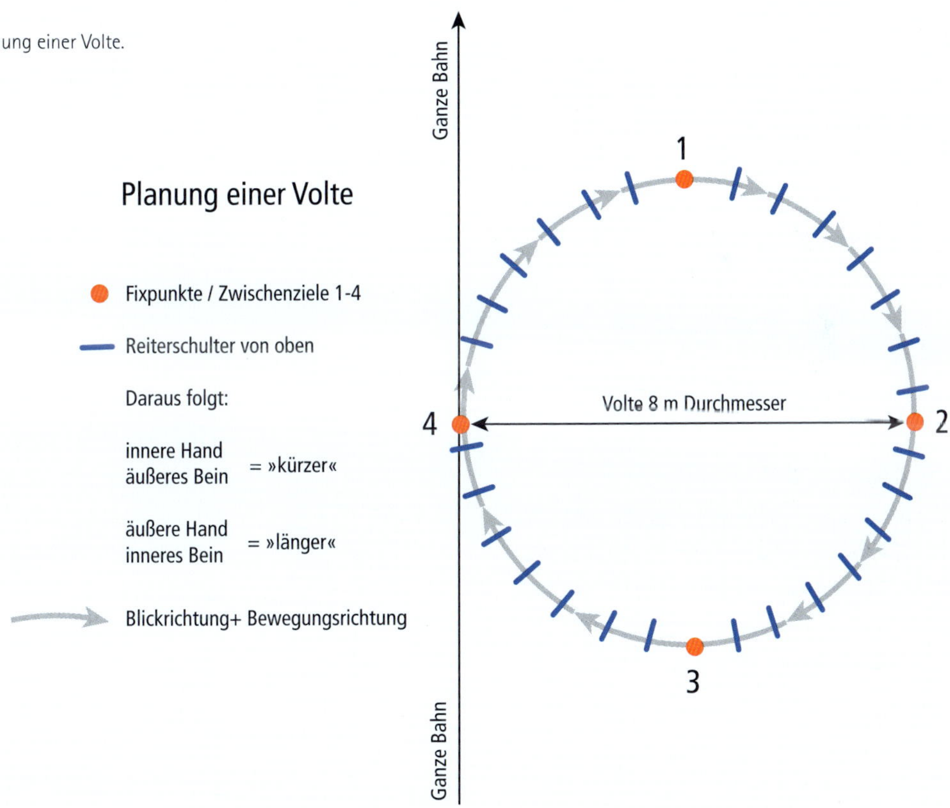

Du überprüfst deinen imaginären wie deinen wirklichen Sitz auf dem Pferd und deine Hilfengebung durch Erspüren. Stell dir innerlich folgende Fragen:

- Wie ist meine Aufrichtung?
- Hängen meine Oberarme locker aus den Schultern
- Wie ist die Winkelung zwischen Ober- und Unterarm
- Kann ich meine Sitzbeinhöcker leicht spüren? Ist der Druck gleichmäßig?
- Bin ich in der Hüfte gerade? usw.

Ich stelle dir nun zwei Methoden des Einreitens vor, mit denen ich sehr gute Erfahrungen gemacht habe und die sich im Schnelldurchlauf auch für den Alltag eines eingerittenen Pferdes und die Arbeit mit ängstlichen Reitern eignen. Dass du gut passendes, keine Schmerzen verursachendes Material verwendest, setze ich voraus! Ich selbst benutze am liebsten ein einfaches Nylonhalfter mit beweglichem Führring, dafür aber einen Maßsattel. Bei den Zügeln und der Longe ändert sich meine Vorliebe häufiger. Das ist alles Geschmackssache.
So bleibt für mich das A und O eine umfangreiche Bodenarbeit, bei der das Pferd auch auf alle Eventualitäten, die unter dem Sattel vorkommen können, vorbereitet wurde und wird. Es sollte an all die Hilfsmittel, die du jeweils einsetzen möchtest oder aus versicherungstechnischen Gründen musst, gewöhnt sein und diese mit positiven Erfahrungen verknüpfen. Nicht zuletzt sollte dein Pferd in zweckmäßigen Arbeitseinheiten gut (Trage-)Muskulatur aufgebaut haben, denn immerhin wirst du auf einer der empfindlichsten Stellen des Skelettes deines geliebten Vierbeiners sitzen.

7.3. Unterwegs und nebenbei

Bei der ersten Methode, die ich gerne bei ehemaligen Rennpferden und Pferden mit negativen Vorerfahrungen einsetze, geschieht das Einreiten bzw. Korrekturreiten unterwegs und nebenbei. Das Pferd kennt es, entspannt als Handpferd mitgenommen zu werden, sowohl roh als auch mit Pad bzw. Sattel, immer aber mundstücklos. Gerade bei Pferden, die zum Festbeißen neigen und/oder unschöne Erfahrungen mit der Trense gemacht haben, ist die gebisslose Zäumung immens wichtig.
Wenn wir mindestens zu zweit unterwegs sind und das Pferd entspannt ist, kann sich die Bezugsperson ab und zu für ein paar Sekunden, die dann gesteigert werden, auf seinen Rücken legen und sich tragen lassen. Lob gibt es dabei natürlich ausgiebig.
Auf einem der nächsten Ausflüge kann das Bein über das Pferd gelegt werden. Ist das Aufrechtsitzen möglich, wird nach und nach einfach die Zeit, die der Reiter auf dem Rücken verbringt, gesteigert. So kann sich die Muskulatur allmählich weiter entwickeln. Zwischenzeitlich beginnt der Reiter, seinen Körper, wie gelernt einzusetzen und den Einsatz der Zügel zu integrieren, so dass der Sicherheit bietende Rahmen geschaffen wird.
Wenn das Pferd sicher und balanciert unter dem Reiter auch durch Kurven geht, kann in der nächsthöheren Gangart, dem Trab und mit schwierigeren Übungen zu arbeiten begonnen

werden. Erst danach wird ab und zu überhaupt zur Arbeit auf dem Reitplatz übergegangen.

7.4. Sanftes Anreiten nach dem Weniger-ist-mehr-Prinzip

1. Gewöhnung an das Reitergewicht und die Verschaltung von Leitstuten- und Reiterrolle

Bei der zweiten Methode bleiben wir zunächst auf umzäuntem Terrain. Damit eignet sich diese Art des sanften Anreitens sehr gut für reitunerfahrene Pferde. Das dem Anreiten eine umfassende Arbeit am Boden vorausgeht, ist hoffentlich im Laufe des Lesens ganz klar geworden. Am Boden wie auf dem Pferd gilt: ›Weniger ist mehr!‹. Gerade anfangs ist es sehr wichtig, die Sequenzen so kurz wie möglich zu halten. Pferdegehirne verarbeiten nicht durch ›Büffeln‹, sondern durch gezielte Pausen.

Wenn Menschen darauf bestehen, dass ihr Pferd schnell eingeritten wird, erzähle ich gerne die Geschichte vom eiligen Postkutscher, der einen älteren Herren am Wegesrand fragte, wie lange es bis zur nächsten Stadt wäre. Der Alte antwortete: »Wenn du langsam fährst, bist du in einer Stunde dort, wenn du deinen Pferden die Peitsche gibst, brauchst du einen ganzen Tag.« Der Postkutscher lachte ob dieser verqueren Auskunft und trieb die Pferde an. Eine halbe Stunde später erblickte der alte Mann, der den gleichen Weg zur Stadt nahm, die Postkutsche mit gebrochener Achse am Wegesrand. Sie war in eines der großen Schlaglöcher geraten, die der Kutscher bei voller Fahrt übersehen hatte.

Ist die Moral der Geschichte angekommen, so steht unserer langsamen Reise mit unserem jungen Pferd nichts mehr im Wege. Die Vorgehensweise ist ähnlich wie im Wald und auf der Heide, allerdings sind wir zu zweit an einem Pferd. Die Person mit Leitstutenhabitus übernimmt bzw. hat deren Rolle am Boden. Der Pferdebesitzer oder eine dem Pferd vertraute Person, kann sich somit einzig auf seine Aufgabe konzentrieren.

a) ›Einparken‹ und gelassenes Stehen an der Aufstiegshilfe – sollte das nicht möglich sein, gehen wir zur Bodenarbeit zurück und bereiten das Pferd PFERDE-GERECHT vor. Das gilt auch für alle anderen Schritte. Bei unüberbrückbaren oder sich summierenden Schwierigkeiten gilt es immer, eine erfahrene Person zu Rate zu ziehen.

b) Hopsen am Pferd – Auflegen und Ruckeln am Sattel – Longenarbeit und Spaziergänge mit Gewicht und eventuell Reiterimitat – Über den Pferderücken legen und überall berühren – ein Bein über das Pferd legen – ein Bein in den Steigbügel stellen – all das sollte schon Teil der Bodenarbeit gewesen sein und unser Pferd daher nicht stören.

c) Das über dem Pferd liegende Bein wird immer mehr mit Gewicht belastet und über das Pferd geschoben, bis der Reiter sitzt. Das Pferd wird sehr gelobt. Seine Aufgabe ist es, stoisch zu stehen. Ein Reiter sollte nicht mit Loslaufen verknüpft werden.

d) Erst nach ein paar Tagen des reinen Stehens unter dem Reiter, fordert die ›Leitstute‹ unser Pferd zum Folgen auf, weil es wichtig ist, dass ein Pferd sich in Ruhe ausbalancieren darf und der Reiter nicht automatisch mit Loslaufen verknüpft wird.

e) Nun wird die Zeit langsam gesteigert und der Reiter übernimmt mit Zügeln oder Halsring und

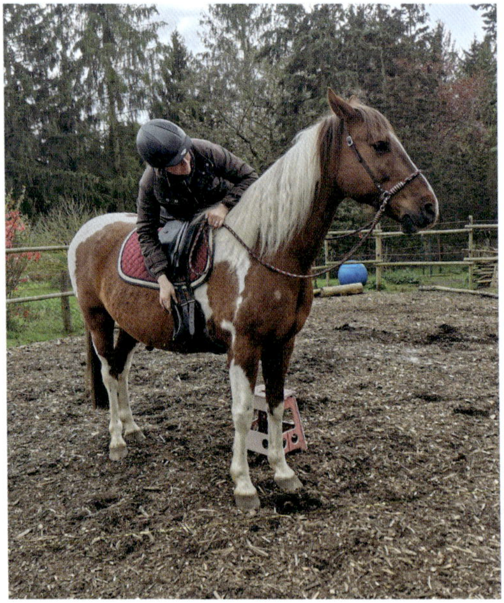

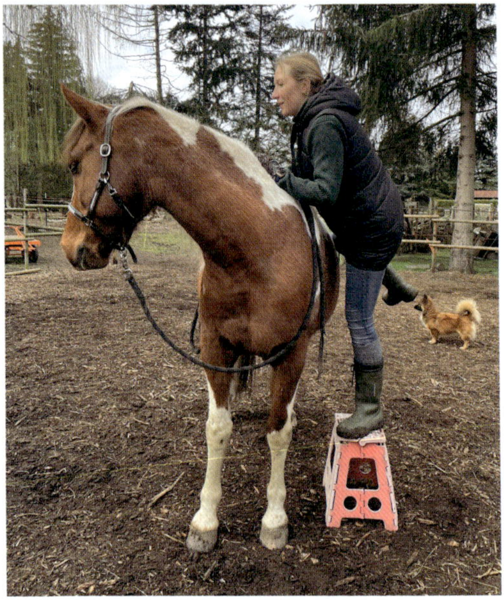

Ohne aufzusitzen wird ein Bein auf das Pferd gelegt, bevor sich später mit dem Körper über das Pferd gelehnt wird.
An das Reitergewicht kann sich ein Pferd gut gewöhnen, in dem man sich erst einmal nur über den Rücken legt. Vor dem eigentlichen Aufsitzen kann auch noch ein Zwischenschritt des Ablaufs mit ›schwer‹ aufliegendem Reiter eingeschoben werden. Sitzt der Reiter erstmals und hat sich sortiert, lassen wir das Pferd vor dem ersten Anreiten eine Weile stehen, so dass ein Aufsitzen mit weiterer Entspannung und nicht mit »Los geht's!« verknüpft wird.

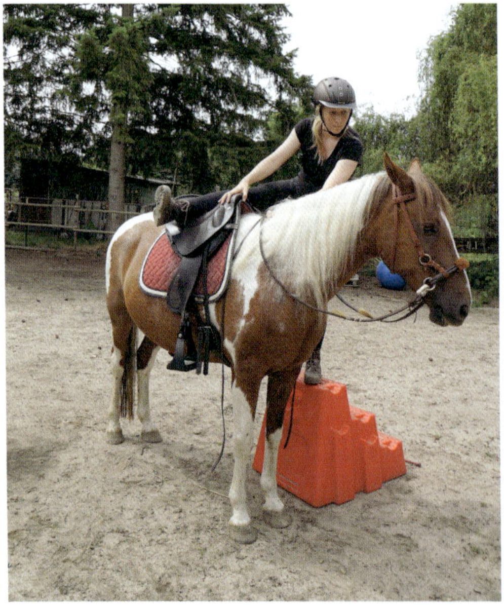

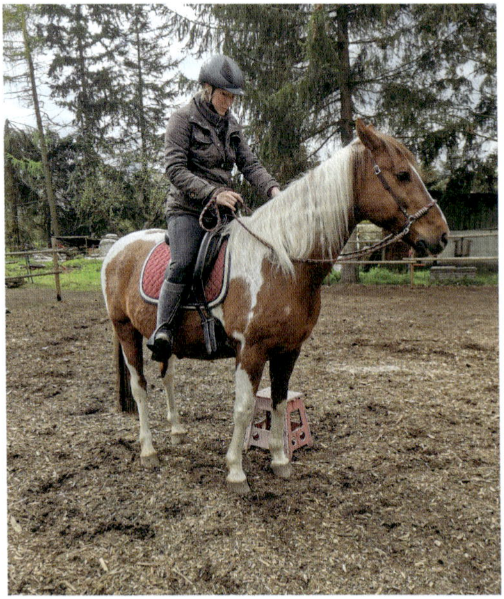

lobender Stimme nach und nach die Führung, während ihn die ›Leitstute‹ zunehmend weniger unterstützt.

2. Die ›Zweigeteilten Leittiere‹

Das Pferd hat den Reiter und seine Verbindung zu ihm über die Zügel etwas kennengelernt. Nun kann die leitende Person am Boden beginnen, eine unten am Halfter befestigte Longe zu nutzen und den Abstand zum Pferd zu vergrößern. Das ist auch eine Aufgabe aus dem Bereich der vorbereitenden Bodenarbeit, die gut etabliert sein sollte. Dabei geht die bisherige ›Leitstute‹ weiter vom Pferd weg. Der Reiter geht nun nicht mehr einfach mit den Pferdebewegungen mit, sondern beginnt, die treibenden Hilfen durch seine sanfte Becken- und Schenkelarbeit zu unterstützen. Das Pferd erlebt einen sicheren Rahmen, sowohl vom Boden als zunehmend von oben aus.
Im nächsten Schritt sagt der Reiter seine Ziele, z.B. bestimmte Bahnfiguren laut an, so dass das ›Bodenpersonal‹ z.B. rechtzeitig die Seite wechseln kann.

Irgendwann wird es Zeit, dass sich die Zweiteilung auflösen kann und das Pferd den sicheren Rahmen allein vom Reiter annehmen lernt. Die Longe kann gelöst werden, auch wenn die ›Leitstute‹ anfangs noch weiter mitgeht. Das Mitgehen wird immer weiter zurückgenommen, bis die ›Leitstute‹ irgendwo herumstehen kann und das Pferd nur noch seinem Reiter zuhört. Bei Bedarf können jederzeit die von der Bodenarbeit vertrauten Signale gesendet werden.

Wenn die am Boden unterstützende Person das Arbeitsgebiet verlassen kann, ist ein Pferd PFERDE-GERECHT angeritten.
Wie lange welcher Schritt dauert, ist von Pferd zu Pferd individuell.
Neben dem sanften Anreiten und einer guten Pferd-Mensch-Beziehung ist ein Vorteil dieser Methode, dass sie mit einem anderen Fokus der ›Leitstute‹ auch für das Überwinden von Angst bei unsicheren Reitern geeignet ist. In diesem Fall bietet der Mensch als Leitstuten-Imitat dem Pferd die nötige Sicherheit. Als Coach kann er gleichzeitig mit dem unsicheren Menschen und dessen Angst arbeiten. Dazu findest du noch ein paar Gedanken im Abschnitt ›Tabuthema: Angst‹.

Tipp: Im ersten Jahr unter dem Reiter empfehle ich bei einem jungen Pferd, auf den Galopp zu verzichten, egal ob im Gelände oder auf dem Platz. Zum einen ist Galopp die Fluchtgangart und sollte nicht mit dem Reiter verknüpft werden und zum anderen haben alle Muskeln und Bänder Zeit, sich auf noch höhere Belastungen vorzubereiten. Und ein letztes und wichtiges Argument dafür ist, dem jungen Reitpferd genug Zeit zu geben, seine Balance unter dem Reitergewicht sicher zu finden.

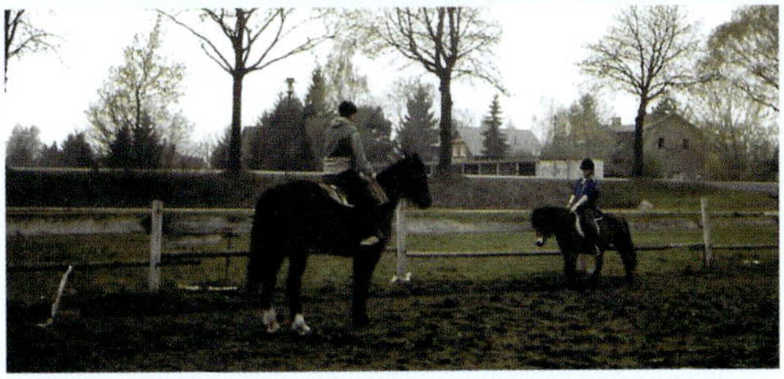

Knopf ist hier das zweite Mal ohne Unterstützung unter dem Sattel. Foto ©Susa Golbik

7.5. PFERDE-GERECHTes Reiten

Rein anatomisch ist das ein Widerspruch in sich selbst. Daher solltest du dein Pferd muskulär bestens vorbereiten und dich selbst zu einer federleichten Version deiner selbst entwickeln. Dabei rede ich nicht von einer Gewichtsreduktion. Selbst wenn ein Erwachsener 45 kg wiegt, sich dabei aber am Zügel festhält und dem Pferd in den Rücken plumpst, ist das auf Dauer schädigend.

›Federleicht‹ bedeutet für mich, zügelunabhängig mit nur wenigen ›Gramm in der Hand‹ zu sitzen, die Bewegungen des Pferdes sanft aufzunehmen und alle eigenen Bewegungsimpulse, die dem Pferd deine Wünsche signalisieren, aus deinem Körpermittelpunkt heraus geschmeidig zu gestalten. Mit Hilfe des Körpermittelpunktes und dem stets nach vorne, niemals an dir selbst hinunter gerichteten Blick fühlst du Balance und sitzt unabhängig. Alle Übungen, die du reiten willst, werden durch entsprechende leichte Drehungen deines Körpers um diesen Punkt und der dazugehörenden Atmung getätigt.

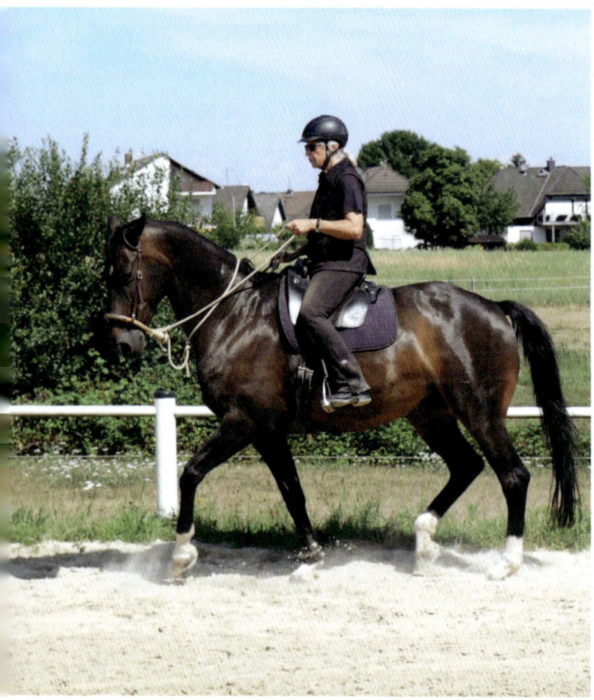

Jede Art von Schiefe oder Verspannung beim Reiter hat einen immensen Einfluss auf die Geschmeidigkeit und damit Kommunikationsfähigkeit im Sattel. Der Anspruch an dein Können steigt, je ungünstigere Voraussetzungen dein Pferd in seinem Körperbau mitbringt. Es schadet nicht, sich mit diesem Thema einmal intensiver auseinanderzusetzen. In dieser Abhandlung soll ein Hinweis darauf genügen.

Wie du spätestens an dieser Stelle wissen solltest, ist es deine Aufgabe, dir und deinem Pferd die Zeit im bzw. unter dem Sattel so angenehm wie möglich zu machen. Diese Verantwortung trägst du an den Tagen, an denen es gut läuft und an den Tagen, wo es hakt. Ich wünsche dir und deinem Pferd, dass ihr ein tolles Team bildet! Inspirationen findest du nun im Teil II ab Seite 70.

Traust du dir zu, dir anzuschauen, was schwierige Erfahrungen mit deinem Pferd auslösen können und wie du aus einem mulmigen Gefühl, aus der Angst und/oder der Sorge gestärkt und angstfrei hinausfindest, dann kannst du einfach weiterlesen. Ich werde dich durch den schwierigen, uns als Menschen alle betreffenden Themenkomplex begleiten, in dem ich im Kapitel 8 zurück in die Wir-Form wechseln werde. Möchtest du das für dich jetzt lieber noch nicht wissen, dann kannst du zur Seite 70 vorblättern.

Im Umgang mit einem anderen Lebewesen kommt es natürlicherweise auch zu unerwarteten Schreckmomenten. Wenn du dein Pferd gut beobachtet hast, kannst du jedoch einschätzen, welche individuelle Bewegungsabfolgen bei deinem Pferd ablaufen. Dieses Wissen lässt dich schreckhafte Reaktionen relativ entspannt überstehen.
Solche Schrecksekunden können im ungünstigsten Fall aber zu langfristig wirkenden Ängsten führen. Vielleicht hast du auch schon solche Erlebnisse gehabt?

Sehr viele Menschen sind sich ihrer Gedankenspiralen nicht bewusst, die ihren Körper in eine Angsthaltung bringen und damit das Pferd verunsichern. Da meiner Beobachtung nach mindestens 95 % aller Schwierigkeiten in der Pferde-Mensch-Beziehung – auch wenn es nur wenige hören möchten – in menschlicher Angst begründet liegen, möchte ich dem Thema ein wertschätzendes und ausführliches Extra-Kapitel widmen. Dieses Angst-Mut-Kapitel soll einen Beitrag zu deiner glücklichen Pferd-Mensch-Kommunikation leisten. Es soll deine klare Bewusstheit und deinen smarten Umgang mit diesen ganz normalen Gefühlen der Besorgnis und Angst und damit deine bewusst PFERDE-GERECHTE Kommunikation voranbringen.

8. Tabuthema: Angst

Wie gesagt können unverarbeitete Schreckerlebnisse und andere, teils unbekannte, Auslöser zu Ängsten führen. Das ist ganz natürlich. Mit einem Lachen oder einem witzigen Spruch versuchen Menschen, sich z.B. nach einem Schreck selbst zu beruhigen oder anderen Menschen zu bekunden, dass alles unter Kontrolle ist. Ein Pferd allerdings ist nicht zu überzeugen, solange die Atmung flach, der Puls schnell, die Stimme dünn, die Muskeln verspannt und der Gang mit ›weichen Knien‹ unsicher sind. Es heißt, dass ein Pferd der Spiegel der Seele ist. Seine Reaktionen spiegeln uns glasklar, ob wir wirklich souverän sind oder Angst haben.
Ein führungsfähiges und gelassenes Pferd bringt uns unversehrt nach Hause. In allen anderen Fällen ist es für diesen Tag klüger, hinter anderen herzutrotten oder abzusteigen. Wenn wir die Techniken zur Angstreduzierung beherrschen, können wir diese z.B. in einer Reitpause anwenden. Im Teil II stelle ich eine Möglichkeit vor.

8.1. Die Macht der unbewussten Angst

In der Pferdewelt wird nicht gerne über Angst gesprochen. Fast jeder fürchtet den abschätzigen Blick anderer Pferdeleute und Geläster im Stall. Wer mag sich da schon mit Angst beschäftigen? Die eigenen unbewussten Ängste aber erleichtern uns das Leben nicht, sondern hindern uns an echter Weiterentwicklung.
Ich möchte alle einladen, sich mit diesem Thema auseinanderzusetzen. Es ist ein Schlüssel zu einer erfolgreichen Zusammenarbeit mit JEDEM Pferd. Je abweisender Menschen sich dem Thema ge-

genüber verhalten, es also (unbewusst) abwehren, desto mehr ist es in Wahrheit ihres. Dann wird vom Verstand schnell noch ein Ablenkungsmanöver, wie z.B. ein aufgesetztes Lachen oder der zigste sinnlose Blick auf das Handy gestartet. So bleibt alles leider auf der unbewussten Ebene. Unsere Abwehrmechanismen, unsere Ablenkungsmanöver und unsere Angst haben etwas Wunderbares gemeinsam: Sie wollen uns vor Verletzungen schützen.

Wenn du jetzt noch liest, dann sei dir zu deiner großartigen Offenheit gratuliert!

Es lohnt sich sehr, sich mit sich selbst auseinanderzusetzen. Wenn es zu anstrengend wird, können wir uns eine Pause gönnen. Wir sollten aber achtgeben, dass unsere Müdigkeit oder Erschöpfung keine Abwehrmechanismen sind, die uns an der weiteren Auseinandersetzung mit uns selbst hindern möchten.

8.2. Vom Wesen der Angst

Die Angst ist ein sehr hilfreiches Gefühl, das unser Überleben sichern möchte, indem es uns vor möglichen Gefahren warnt. Moderne Menschen haben in ihren individuellen Lebensumständen jedoch auch Ängste ›gelernt‹, die mit dem ursprünglichen Überlebensinstinkt unserer Vorfahren, den Wald- und Höhlenmenschen, nichts mehr zu tun haben.

Wenige wollen ein Angsthase sein. Angst können wir bestreiten oder sie wegwünschen. Wir können sie jedoch nicht einfach weglächeln oder sie wegargumentieren. Sie ist einfach da. Pferde wissen, dass wir Angst haben, lange bevor es uns selbst klar ist ... alle anderen Menschen um uns herum übrigens auch.

Angst kann nur von selbst gehen, wenn ihr Auftrag erledigt ist. Dazu muss sie von uns wahrgenommen, gesehen und gewürdigt werden. Wir dürfen zu uns selbst sagen: »Hallo Angst, da bist du ja. Danke, dass du mich schützen willst. Ich sehe dich und das, was du mir zeigen möchtest. Ich schaue es mir an und dann gehe (reite) ich weiter, denn es droht mir keine Gefahr.«

Klingt eigenartig, oder?

Nun, es ist eine Entscheidung, ob wir unbewusst ›im alten Muster‹ weitermachen oder uns bewusst mit etwas auseinandersetzen und ein souveränes Leittier werden wollen. Wie erwähnt: Pferde spüren Angst, ob wir das vor uns selbst zugeben oder nicht. Sie müssen sie spüren, ihr Überleben hängt davon ab. Das ist auch bei Pferden ein uraltes Programm. Wer Angst hat, dem folgt man besser nicht. Das wäre keine gute Wahl. Es hat nichts mit menschlicher Moral und Idealvorstellungen zu tun. Es ist einfach so.

Und das Zugeben von Angst ist nicht so leicht. Das weiß ich aus meinen eigenen Erfahrungen. Bei mir sah das in etwa so aus: »Ich Angst? Woher denn! Ich lebe alleine am Wald.« Mein Ego war gekränkt, denn Angst passte nicht zu ihm. Es erfand noch zig andere Argumente, wieso ich keine Angst hätte, während diese Angst mich gleichzeitig weiterhin lähmte. Erst, als ich meine Körpersignale beschreiben konnte, und diese eindeutig zum Gefühl der Angst gehörten, musste dies auch mein stolzes Ego einsehen. Und das war dann gar nicht die befürchtete Katastrophe, sondern der Beginn meiner eigenen Befreiung. Unser Ego hat allerdings keine Ahnung vom Überlebensplan der sehr, sehr viel älteren Gehirnareale und kann Emotionen nur schlecht kontrollieren.

Damit steht es einer PFERDE-GERECHTEN Beziehung zum Pferd im Wege. Unser Ego will geliebt werden. Es will in seiner aufopferungsvollen Haltung gesehen werden, es will daher auch Fury und Black Beauty und Drachen zähmen. Angst ist nicht angesagt und schon gar nicht cool. Wir dürfen unser Ego langsam mit diesem und anderen ungewollten, aber sehr hilfreichen Gefühlen vertraut machen.
Die gute Nachricht ist, dass es konstruktive Lösungen gibt, aus der Angst herauszukommen: Veränderung der Gedanken und Veränderung der Atmung, doch dazu später mehr.

Beginnen wir mit allgemeinen Ausführungen. Auf Angst gibt es vier natürliche Reaktionen: Kampf, Flucht, Unterwerfung und Totstellen.
Wutausbrüche, impulsive Strafen, Am-Strick-Zerren, Brüllen sind in der Reaktion auf ein Pferd deutliche Zeichen für (unbewusste) Angst. Das sind Kampfmodi. Ganz am Anfang habe ich da-

Übersicht: Mögliche Anzeichen von Angst

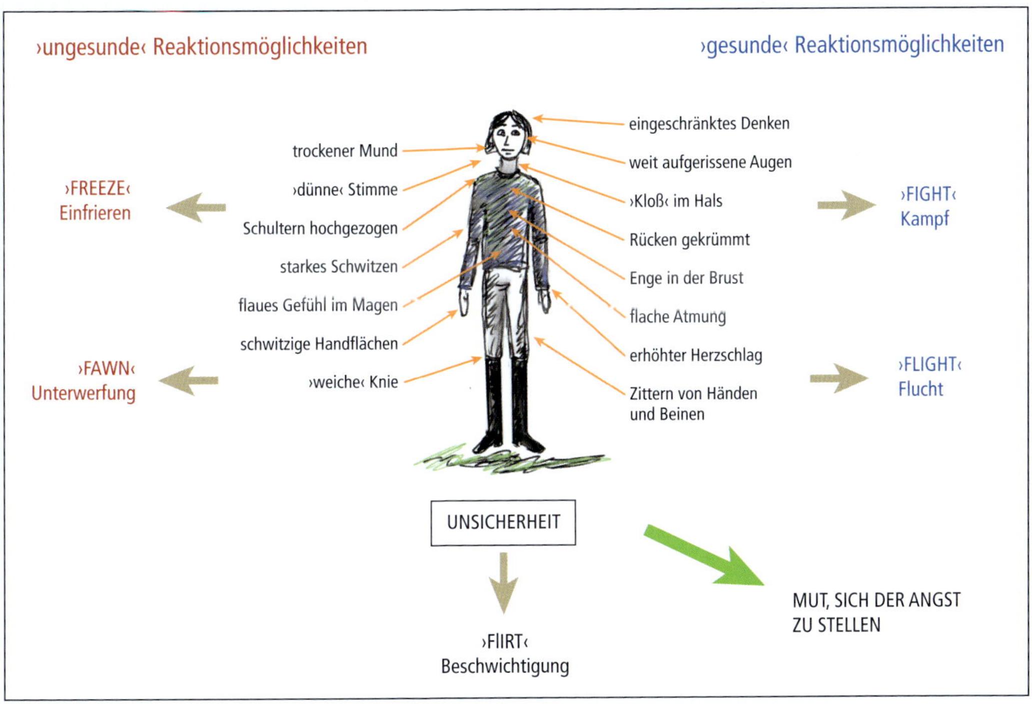

rauf aufmerksam gemacht, dass PFERDE-GERECHT arbeitende Menschen nicht gegen ein Pferd kämpfen, sondern seine Sprache lernen und mit ihm kommunizieren wollen. Das ist ein Schritt aus dem aggressiven Kampfmodus hin zur Veränderung der Gedanken, der inneren Einstellung und daran anschließend der eigenen Handlungen. Unterwerfung entsteht aus der inneren Resignation vor dem Angstauslöser. Der betroffene Mensch erlebt sich selbst nicht als selbstwirksam und autonom, sondern als stark abhängig vom Verhalten des anderen. Dem anderen Partner wird jegliche Kontrolle und Macht überlassen und es entsteht ein inneres Gefühl der Hilflosigkeit.
Der Totstellreflex ist eine Art Erstarrung, die ursprünglich einem bedrohlich nahen Raubtier suggerieren sollte, dass es sich bei dem zusammengekauerten ›Ding«‹ um einen total uninteressanten Stein handele. Das Totstellen kommt immer dann zum Einsatz, wenn Kampf und Flucht nicht mehr möglich sind. Unser Überlebenssystem besitzt eine unglaubliche Kreativität.

Der Fluchtmodus ist jegliche Form von Vermeidung einer kritischen Situation. Das kann ein Rückwärts-Ausweichen sein, wenn ein Pferd uns als Leitstute in Frage stellt. Genauso wie das allseits beliebte Ausreden-Erfinden bei Problemen, ohne auf eine ehrliche Suche nach der Ursache zu gehen. Flucht bedeutet, dass wir uns in eine Opferhaltung begeben und dem Pferd oder irgendwelchen Umständen Schuld zuweisen. Um Schuld sollte es meiner Ansicht nach überhaupt nicht gehen. Das ist eine sehr unschöne menschliche Angewohnheit. Wenn wir anfangen, nach dem ›Schuldigen‹ zu suchen, könnten wir stattdessen unsere Gedanken überprüfen und uns fragen, ob das uns, unserem Pferd oder unserer Beziehung zum Pferd guttut. Dann können wir schädliche Gedanken bewusst loslassen und aus der Angst in die Gelassenheit kommen.

8.3. Die Angst vor körperlicher Verletzung

Unser menschliches Bedürfnis nach körperlicher Unversehrtheit sendet uns eine zu diesem Bedürfnis gehörende Angst. Wir dürfen unsere Angst absolut wertfrei anschauen, wie sie sich auf körperlicher Ebene darstellt:
Was spüren wir in und an den Füßen? Wie ist unser Gewicht im Stehen verteilt? Mit welchem Fußbereich setzen wir beim Laufen auf? Wie rollen wir ab?
In und an unseren Beinen? Gibt es warme oder kalte Bereiche? Wie arbeiten Ober- und Unterschenkel zusammen?
Was passiert im Bereich des Rückens? Angenehme Aufrichtung und Platz zwischen den Wirbelkörpern? Oder Hohlkreuzneigung? Krümmungen? Ist Streckung möglich?
Im Bauch? Aktive Darmtätigkeit? Bewegungen im Magen? Atem bemerkbar?
In der Brust? Wo ist der Atem spürbar? Ist der Herzschlag spürbar? Ist die Brust weit oder eng?
An den Schultern? Locker und leicht? Oder hochgezogen? Nach vorne gekrümmt? Verspannt?
Im Hals? Weit oder eng? Hast du einen Kloß im Hals?
Am Kopf? Leichtigkeit? Frei? Druck? Spannung?
Im Gesicht? Stirn weich oder hart? Augenpartie

entspannt? Ober- und Unterkiefer locker oder verbissen?
Jetzt haben wir jede Menge über unseren Körper erfahren, was unser Pferd immer wahrnimmt. Es gibt dabei keine richtige oder falsche Selbstwahrnehmung, keine guten oder schlechten Zeichen. Es ist einfach so.
Wir dürfen nun unsere Angst fragen, was sie braucht. Einfach auf die innere Stimme warten und den Verstand nicht plappern lassen! So manches Mal kann das ein AHA!-Moment werden.

Neben dem gerade vorgestellten körperlichen Zugang zur Angst können wir auch einen gedanklichen Zugang über den Verstand wählen: Wenn ein Gedanke kommt, können wir die scheinbar einfachen Fragen »Wieso?« oder »Und dann?« stellen und diese stoisch wiederholen.
Wenn wir z.B. sagen:
»Ich reite lieber nur im Schritt.«
Warum?
»Da kann ich mich besser auf mich konzentrieren.«
Wieso?
Das fragen wir uns so lange, bis uns keine Argumente mehr einfallen bzw. keine Ausreden mehr auftauchen und wir durch den ersten Abwehrmechanismus durch sind. Das ›lieber nur‹ zeigt eindeutig an, dass dahinter eine Sorge steht.

Irgendwann kommt die Sorge zum Vorschein, wie beispielsweise:
»Ich könnte im Trab aus der Balance kommen.«
Und dann?
Gehen wir mutig weiter »Und dann?« fragend in die Tiefe, wird sich irgendwann die wirkliche Angst hinter der Angst oder Sorge zeigen. Und diese ist so unglaublich spannend, wenn zunächst vielleicht auch ein bisschen zusätzlich beängstigend. Die Auseinandersetzung mit ihr ist allerdings unfassbar heilsam!
Also schauen wir uns mutig und gelassen wie eine Leitstute, aber aus sicherer Entfernung, das Thema an!

8.4. Angst vor Kontrollverlust

Da sind wir nun bei des Pudels Kern.
Interessanterweise formulieren viele Menschen das Hochkommen der Angst vor dem eigenen Tod als maximalen Kontrollverlust wie eine ungläubige Frage: »Dann könnte ich sterben?«.
Für mich war am Anfang genauso überraschend, dass selbst bei der kleinsten Sorge am Ende der »Und dann?«-Fragen der eigene Tod stand.
Kontrollverlust ist für niemanden, natürlich auch für Pferdemenschen nicht, eine angenehme Vorstellung. Nicht umsonst verkaufen sich scharfe Mundstücke, Schlaufzügel, Sicherheitswesten usw. so gut, während das eigentliche Thema, nämlich die Angst vor dem Kontrollverlust, nicht zur Sprache kommt und verdrängt wird.

Ich möchte hier eine Methode zeigen, wie wir uns so mit dem Themenbereich ›Kontrolle und Kontrollverlust‹ auseinandersetzen können, sodass wir uns selbst davon befreien können und PFERDE-GERECHTer Umgang leichter möglich wird.
Wenn wir die Frage: »Passt es heute, mir Zeit dafür zu nehmen?« mit »Ja!« beantworten, kann

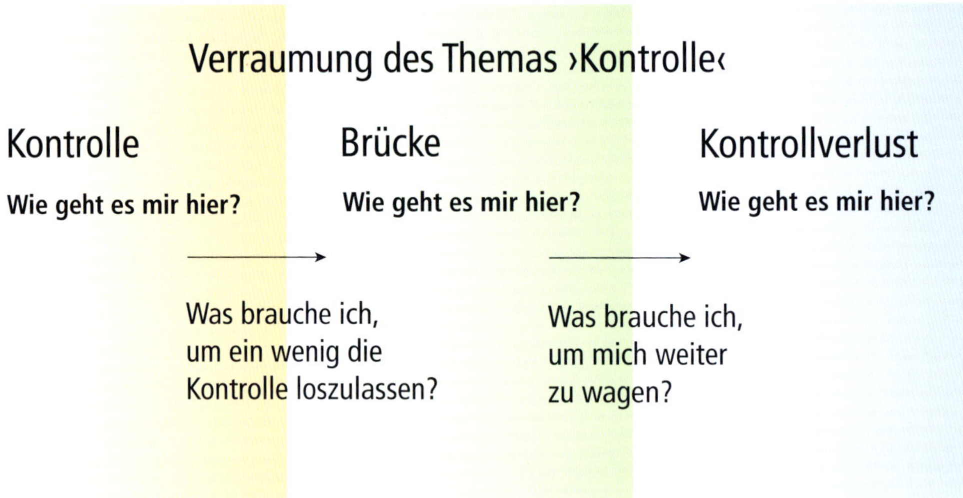

es losgehen. Schauen wir zunächst, dass wir in der nächsten halben Stunde nicht gestört werden, auch nicht von unserem Handy. Genau wie in der Arbeit mit unseren Pferden dürfen wir auch hier in kleinen Schritten vorgehen, sollten wir uns keinen Druck machen und können jederzeit aufhören.

Wir teilen uns einen beliebigen Raum in drei Zonen ein. Der Raum kann mit Kreppband oder Stricken unterteilt werden. Den ersten Bereich nennen wir ›Kontrolle‹, den sich anschließenden zweiten Teil ›Brücke oder Weg‹ und den letzten Bereich ›Kontrollverlust‹.
Wir nehmen uns ein A4-Blatt und teilen es genauso auf, wie zuvor den Raum.

Tipp: Bitte »Wie geht es mir hier?« in den jeweiligen Raum schreiben! An den Übergängen zum nächsten Bereich steht jeweils die Frage: »Was brauche ich, um die Kontrolle loszulassen oder um weiterzugehen?«

Nun wählen wir ein persönliches Kontrollverlust-Szenario aus, das uns betrifft, z.B. »Ich habe Angst, dass ich nach einem Sturz im Gelände nicht gefunden werde.«
Wir betreten den Bereich ›Kontrolle‹
Hier haben wir alles im Griff. Wir nehmen einfach nur wahr, wie und was wir denken, wie wir uns fühlen und was in uns passiert?

Wer erst seine eigenen Erfahrungen machen möchte, sollte jetzt noch nicht weiterlesen, sondern sich selbst auf die ungewohnte, aber sehr spannende Reise durch die Thematik begeben. Dazu findet sich eine genaue Anleitung ab Seite 83.
Es ist wichtig, sich noch einmal gewahr zu werden, dass es bei der Verraumung eines Themas

eigenes Beispiel zum Thema ›Kontrollverlust‹

Kontrolle →

Wie geht es mir hier?
sicher
eng
konzentriert
anstrengend

Angst, die Kontrolle zu verlieren.
Ausreden finden!
(»Ach nee, doch nicht.«)
›Hilfskonstruktion‹
Stillstand
Kontrollverlust steigt durch
gedankliche Katastrophen-Szenarios.

Angespannte Stirn
bebende Nasenflügel
flau im Magen
Schultern verspannt

Tinitus
Stress

Was brauche ich, um loszulassen?
Positionswechsel.
Mantra: »Ich kann das!«
Vertrauen in mein Können!

Brücke / Weg →

Wie geht es mir hier?
langsames Herantasten

Rückschritte sind okay
Hilfskonstruktion nutzen
Zunehmendes Lächeln

Schwindelgefühl
schnelle Atmung
wackeliger Gang
langsames Ausatmen
Lächeln
werde ruhiger

Vertrauen wächst
Angst vor dem nächsten Schritt

Was brauche ich, um loszulassen?
Mut
und die Angst an die Hand nehmen

Kontrollverlust

Wie geht es mir hier?
Tränen der Erleichterung
Stolz
Nicht mehr fixiert und eng,
sondern die Wahrnehmung des Außen
wird wieder möglich.

Zunächst wieder wackelig
Wenig Balance
Ruhe wird tiefer

Weite
Kontrollverlust

weder Falsch noch Richtig gibt, sondern nur wertvolle Erfahrungen.
Auf der nächsten Seite teile ich eine meiner Erfahrungen.
Ich habe wirklich alles, was mir aufgefallen ist, aufgeschrieben – von meiner Art, mich im jeweiligen Raum zu bewegen über die Wahrnehmungen aller Körperbereiche bis hin zu den Gedanken.
Ich habe am Anfang gezweifelt, dass ich den dritten Raum überhaupt betreten könnte. Allein beim Gedanken daran, stieg Panik in mir auf. Ich wollte es mir im ersten Raum gut gehen lassen. Hier hatte ich ja alles im Griff. Zunächst war dem auch so. Nach und nach bemerkte ich, wie ich immer mehr Kontrolle haben wollte, weil immer mehr Gedanken mit Katastrophenszenario aufstiegen. Das war überhaupt nicht mehr so angenehm, wie ich mir das gedacht hatte und so kam mir der Gedanke, dass es schöner wäre, nicht so viel kontrollieren zu müssen. Dazu könnte ich in den zweiten Raum ›Brücke‹ gehen. Gut, dass ich die Frage. »Was brauche ich dazu?« notiert hatte, denn aufgrund meines Gedankenchaos' wäre sie mir nicht eingefallen. Meine innere Antwort da-

rauf lautete: »Vertrauen zu mir selbst und Vertrauen in den anderen.« Eigentlich wusste ich trotz aller Zweifel, dass ich es kann und eigentlich gab es auch keinen Grund, wieso der andere boykottieren sollte. Also atmete ich tief durch und betrat aufgeregt den zweiten Bereich.
Der Gedanke, Kontrolle abzugeben ist bei jedem Thema Neuland für mich und dementsprechend unsicher fühlte ich mich. Mir war wirklich schwindelig und ein wenig übel. Das legte sich mit der Zeit. Ich konnte den ersten Raum mit Abstand sehen und fand ihn klein, beengt, dunkel. Ich war froh, da nicht mehr sein zu müssen. In Richtung ›Kontrollverlust‹ wollte ich noch nicht gehen. Tatsächlich hielt ich mich bei dem im Beispiel bearbeiteten Thema am längsten im zweiten Bereich auf. Irgendwie wurde ich dann doch neugieriger, wie sich Kontrollverlust anfühlen würde. Immerhin war das ja eine Übung und musste nicht in der Realität umgesetzt werden.
Was ich bräuchte, um erstmals den dritten Bereich betreten zu können, fragte ich mein Innerstes. »Mut!« war die Antwort. Eines meiner Lieblingslieder ist »Mut« von Alexa Feser. Daran dachte ich sofort und die Zeilen stiegen in mir hoch:
»...Mut ist mehr als ein Gedanke.
Mut ist, wenn die Schranke
im Kopf zerbricht.«

Jeder macht natürlicherweise unterschiedliche Erfahrungen, der eine möchte in dieser Art sofort ein Thema nach dem nächsten durchgehen, mancher hat sein Aha! erst ein paar Tage später. Es ist alles immer genau richtig.
Spätestens nach einer Woche, wenn der nächste Ausritt ansteht, merken wir, was passiert ist: Wir machen ganz natürlich das, was uns vorher Kopfzerbrechen bereitet hat.
Wahnsinn, oder? Das ist Selbsterkenntnis!
Bei den Ureinwohnern Nordamerikas gibt es die Vorstellung, dass der Tod immer beratend auf der linken Schulter sitzt. Er erinnert den Menschen an seine Endlichkeit. Er mahnt ihn, lebensbejahend im Hier und Jetzt zu bleiben, Freude und Sinn im Leben zu finden, um rückblickend irgendwann sagen zu können: »Genauso war mein Leben richtig!«

Meiner Erfahrung nach ist die Angst vor dem Pferd nur ein kleiner Aspekt ›pferdemenschlicher‹ Ängste. Menschen als soziale Wesen haben Angst vor den Reaktionen der Menschen in ihrer Umgebung. Sich zugehörig zu fühlen und nicht ausgegrenzt zu werden, ist, wie wir aus dem ersten Teil des Buches wissen, ein Grundbedürfnis. Am Anfang dieses Kapitels habe ich einen Angstauslöser im Text bereits untergemogelt: (vermeintliches) Geläster und Getratsche.
Wie können wir uns davon befreien?
Die Lösung ist sehr einfach und schwierig zugleich:
Wir stehen zu unserer Angst, heißen sie willkommen, schauen sie uns wie in Kapitel 8.3. beschrieben an, entscheiden, ob und gegebenenfalls wo wir uns Unterstützung holen und gehen ganz offen den anderen Menschen gegenüber mit diesem natürlichen Gefühl, das JEDER hat, um!
Fertig.
Wie will jemand eine offene Tür einrennen?

Pferdeleute, die sich selbst aufwerten, in dem sie andere wegen des Umgangs mit Pferden, des Reitstils, der Kleidung usw. abwerten müssen, dürfen das tun.
Was?!
Lassen wir die Empörung, es gibt keine Gerechtigkeit in der Natur! Gerechtigkeitsdenken ist eine reine menschliche Erfindung und erzeugt meistens mehr Leid als Nutzen. Wir müssen nicht Gleiches mit Gleichem vergelten. Wir dürfen uns entscheiden, welchen Stellenwert wir dem Gerede geben und ob wir wirklich zu dieser Gruppe gehören wollen. Bleiben wir also einfach gedanklich bei uns und werten wir andere Pferdemenschen nicht ab! Dann haben wir unseren Beitrag zum Abbau von Ängsten bei anderen geleistet. Nebenbei treffen wir dann auch die Menschen, die wirklich zu uns passen.
Eine große soziale Angst ist die, den Ansprüchen anderer Menschen nicht zu genügen oder sie zu enttäuschen. So wie im Fall von Marie.

8.5. Fallbeispiel: Marie und Alex

Marie berichtete, dass sie Kommunikationsschwierigkeiten mit ihrem Pferd ›Alex‹ hätte und nicht mehr reiten wolle, weil das langweilig sei. Ich begleitete sie und sah, dass sie und ihr Pferd eine wirklich gute Verbindung zueinander hatten. Marie kommunizierte in Pferdesprache. Ich fragte mich, wozu sie mich eigentlich brauchte. Beim Longieren hielt Alex plötzlich an. Marie schaute mich resigniert an und fragte, was sie jetzt machen solle? Intuitiv sagte ich einfach: »Mach mal das, was du machen würdest, wenn ich jetzt nicht da wäre!« Sie tat das für sie Richtige und arbeitete weiter mit ihrem Pferd zusammen. Ich regte ein paar Übungen an, die sie herausfordern und ihr Spaß bringen könnten. Im Gespräch erfuhr ich, dass ihre Eltern ihr dieses Pferd vor vielen Jahren geschenkt haben, dass Alex schwierig war und sie ihn immer gegen andere Menschen verteidigen musste und dass ihr die Freude am Reiten abhandengekommen war. »Wer sagt denn, dass du reiten musst?« Wir gingen in die Tiefe.
Ich hatte bei Marie und Alex lediglich folgende Themen zu bearbeiten:

- ihre Angst, die Eltern zu enttäuschen,
- die Angst, sich durch weniger Zuwendung ihrem Pferd gegenüber unfair zu verhalten und ihn zu verraten,
- ihre unbewussten Kompetenzen in Pferdesprache ans Tageslicht zu transportieren.

Die Auseinandersetzung mit all den vorher nicht sichtbaren Gedanken nahm ihr eine sehr große Last von den Schultern und machte sie so frei, dass sie nach einer kurzen Reitpause bald wieder mit ihrem Pferd unterwegs war.

Wir können uns alle aus der Angst in die Sicherheit bewegen. Wir haben einen Verstand, den wir dafür nutzen können. Ganz nebenbei werden wir dann zu dem Leittier, dem unsere Pferde vertrauen können und dem sie sich gerne anschließen werden.

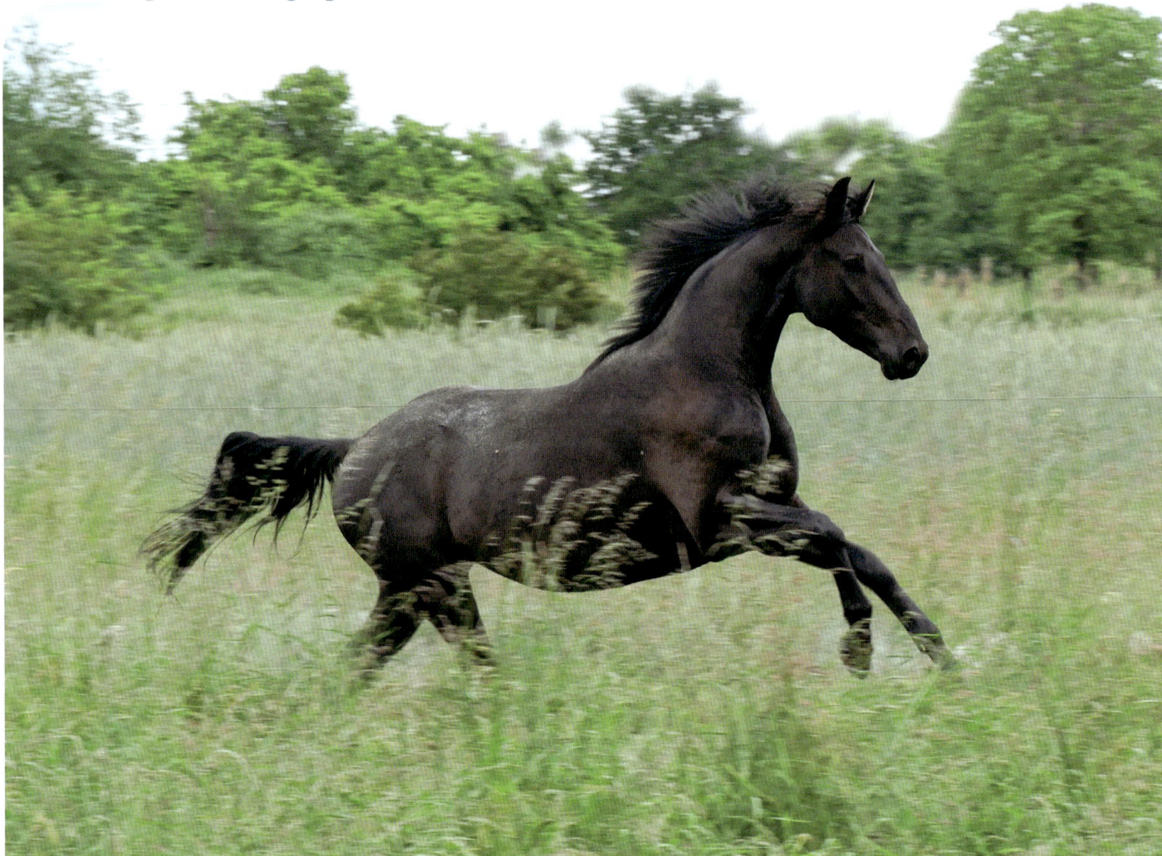

Teil 2
Selbsthilfe

›Hilfe zur Selbsthilfe‹ ist mir als Diplom-Pädagogin mit einer Affinität zur Montessori-Pädagogik ein besonderes Anliegen. Die Philosophie besteht darin, die eigene Unabhängigkeit zu bewahren, in dem das bereitgestellte Material Selbstlernprozesse ermöglicht und z.B. zum Ziel hinlenkende Fragen enthält, so dass der Lernbegleiter nur im Bedarfsfall eine unterstützende, moderierende Funktion bei der Bearbeitung der sich stellenden Fragen ausübt.
Daher findest du in diesem Teil des Buches neben einigen Abbildungen, Ideen, Übungen und Checklisten auch Tipps für die häufigsten Schwierigkeiten in der Pferde-Mensch-Kommunikation.
Viel Spaß dabei!

1. Hier findest du alle Abbildungen aus dem Buch zum Download

2. Checklisten

Checkliste I: Vorbereitung einer Trainingseinheit

- Arbeitsmittel bereitlegen
- Bin ich ›da‹, im Hier und Jetzt?
- Bodyscan: Welche Empfindungen, Verspannungen oder Schmerzen zeigt mein Körper?
  - Bauchbereich,
  - Brustbereich,
  - Halsbereich,
- Welches Gefühl liegt den Empfindungen zu Grunde?
  Positives Gefühl = Bedürfnisse befriedigt
  Negatives Gefühl = Bedürfnisse nicht befriedigt

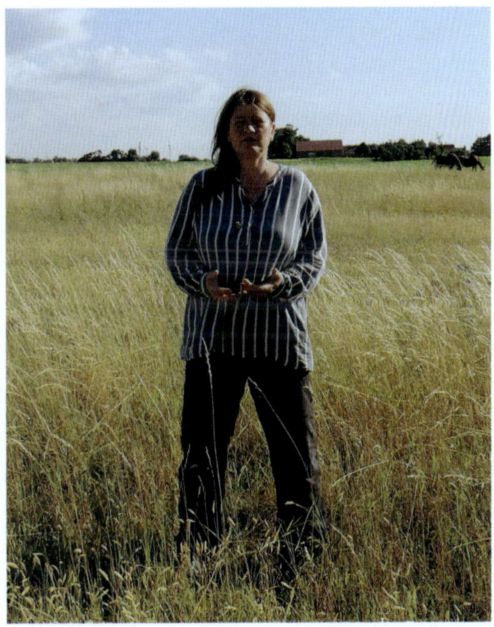

Atemübungen bringen uns ins Hier & Jetzt zurück.
Foto © Yvette Rosyn

- Kann ich in meinem jetzigen Zustand einem Pferd Sicherheit bieten?
  - 1. »Ja!« = entspannt weiter
  - 2. »Nein!« = Möglichkeiten prüfen, wie Anwendung von Atem- oder/und Meditationstechniken, Befriedigung existenzieller Bedürfnisse
- Du darfst jederzeit aufhören!
- Es gibt keine ›Gewinner‹ oder ›Verlierer‹ in einer PFERDE-GERECHTen Kommunikation! und
- ›Weniger ist mehr!‹

Checkliste II: Probleme beim Holen des Pferdes

- Eigene Gedanken überprüfen:
  - Habe ich den leisesten Zweifel daran, dass ich führen kann
  - Sorge ich mich, was heute schieflaufen könnte?

Auch Pferde möchten zur Begrüßung wissen, mit wem sie es zu tun haben. Hier entscheiden sie bereits aus ihrem Sicherheitsbedürfnis heraus, wer der andere für sie ist und ob sie sich anschließen oder besser nicht.

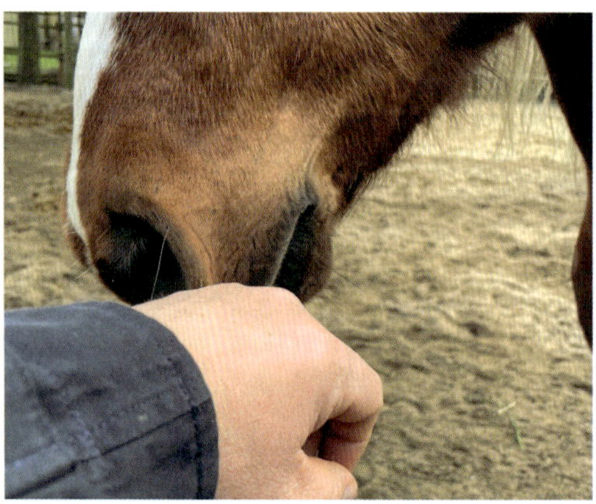

Lösungsmöglichkeiten:

- negative Gedanken unterbrechen und mir meiner Führungsqualitäten sicher werden
- ins Hier & Jetzt kommen z.B. durch Konzentration auf die eigene Atmung
- jemanden bitten, zu filmen und das Filmmaterial analysieren

- **Eigene Körperhaltung und Stellung zum Pferd prüfen:**
- Körperspannung – Bewege ich mich schlaff oder angespannt? Baue eine lockere, leichte Körperspannung auf. Ziehe die Schultern einmal zu den Ohren hoch und lasse sie locker fallen.
- Aufrichtung – Laufe ich mit rundem Rücken und/oder gesengtem Kopf? Trage den Kopf locker auf deiner aufgerichteten Wirbelsäule.
- Bewegungsenergie – Schleiche ich raubtierartig, schlendere ich gelangweilt oder eile ich hektisch? Achte auf geregelte, lebendige Schritte, bei denen dein Pferd dir gut folgen kann.
- Position – Stehe ich frontal vor dem Pferd oder laufe ich hinter der Pferdenase? Nähere dich deinem Pferd schräg von vorne und bleibe so stehen, dass ihr für eine Begrüßung den Hals etwas strecken müsst (dein ›Hals‹ ist dein Arm) und sich Eure Nüstern berühren können (deine ›Nüstern‹ sind dein Handrücken und die Rundung zwischen Daumen und Zeigefinger).
- Blickrichtung – Fixiere ich mit meinen Augen das Auge meines Pferdes? Wende deinen Blick

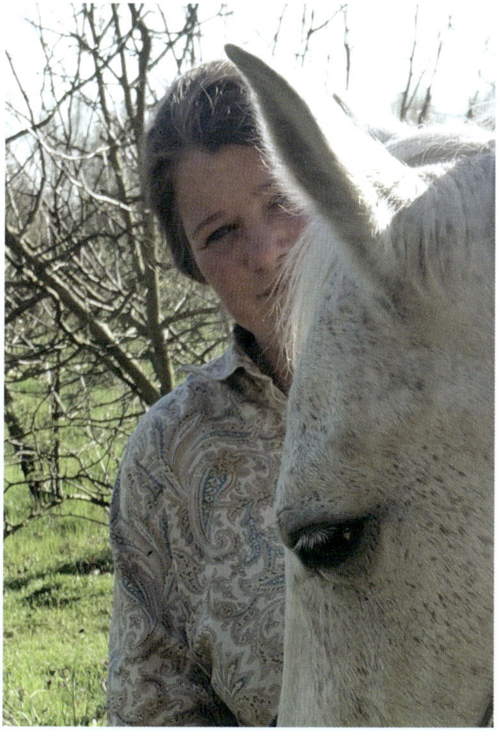

Unsere Augenstellung im Vergleich. Foto © Yvette Rosyn

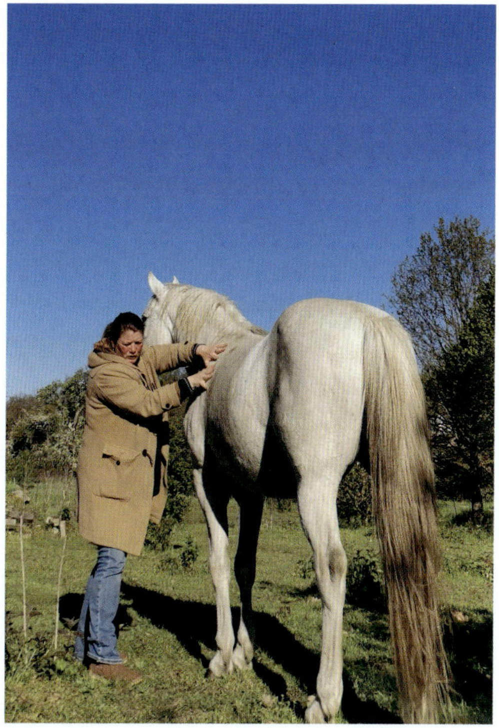

Massage tut einfach gut und eignet sich besonders, um dem Pferd (und sich selbst) ein schönes Erlebnis zu verschaffen.

leicht ab. Menschliche Augen sind Raubtieraugen.

- Haltung des Pferdes mir gegenüber überprüfen:
  - Dein Pferd ist angespannt, aufgeregt, drängelnd, oder desinteressiert? Überprüfe nochmals deine Körperhaltung, korrigiere Grenzüberschreitungen durch Erheben des Führungsarmes und rückwärts treten lassen.

Tipp: Dein Pferd flüchtet, sobald es das Halfter sieht? Die Flucht kannst du durch die Einnahme der Hengst-Position zunächst »unter Kontrolle« bringen, in dem du dein Pferd treibst und es am Fressen hinderst. Achte auf Kontaktaufnahme durch das Pferd: es entfernt sich nicht mehr, sondern beginnt z.B. in Kreisen um dich zu laufen, es senkt den Kopf-Hals-Bereich, kaut und schaut immer wieder in deine Richtung. Dann kannst du durch Abdrehen der eigenen Schulter dein Pferd einladen, sich dir anzuschließen.

Tipp: Es ist wichtig, dem Pferd nach dem Holen nicht immer nur Arbeitseinheiten abzufordern, sondern auch schöne Erlebnisse, wie Entspannungsmöglichkeiten zu verschaffen. Das wird Eure Verbindung enorm stärken.

Checkliste III: Woran merke ich, dass mein Pferd mich nicht als Leitstute wahrnimmt?

- das Pferd wirft seinen Kopf über meinen Kopf oder meine Schulter
- das Pferd überholt mich oder will in eine andere Richtung oder bleibt stehen
- das Pferd schnappt beim Streicheln, Putzen usw.
- das Pferd tippelt herum oder verändert den Standort oder tritt mir auf den Fuß, statt in einer geschlossenen Haltung ruhig zu stehen
- das Pferd geht immer wieder in die Schrittstellung beim Putzen, Satteln usw.
- das Pferd schaut ständig nach ›Gefahren‹
- das Pferd entfernt sich nicht von Artgenossen oder wiehert oft in ihre Richtung

Lösungsmöglichkeiten:

Überprüfe zunächst deine eigene Einstellung und deine Körpersprache!

- Abstand bestimmen, den dein Pferd nicht selbständig unterschreiten darf
- konsequent, aber emotionslos darauf beharren
- drängt das Pferd vorbei, Führungsarm anheben, zum Rückwärtsgehen bis zum festgelegten Abstand auffordern oder
- Richtung um 90° ändern
- Leckerli-Gabe hinterfragen: Untergräbst du deine eigenen Fortschritte?

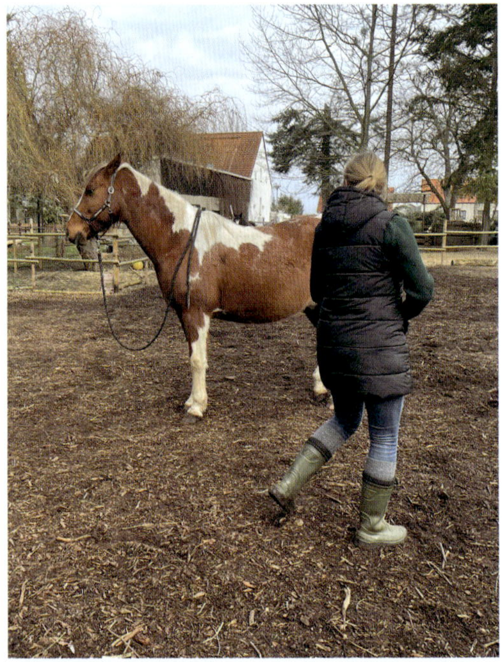

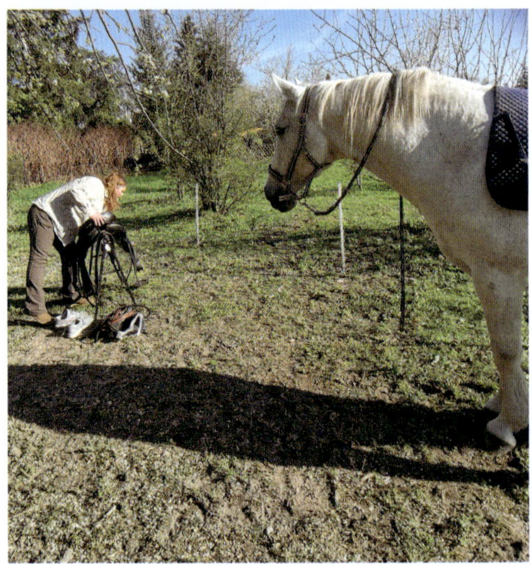

oben: Poki steht angespannt und hinten nicht geschlossen. Damit ist sein Bleiben nicht absehbar und er wird im Auge behalten.
unten: Dajin steht entspannt und verlässlich an seiner ›Parkposition‹. Foto © Yvette Rosyn

Tipp 1:

Merke dir immer genau, an welcher Stelle du dein Pferd ›geparkt‹ hast und fordere es auf, sich dort wieder ruhig mit geschlossenen Beinen hinzustellen (allerhöchstens ein Stück dahinter, nicht aber davor)!

Tipp 2:

Achte immer auch auf kleine Gewichtsverlagerungen deines Pferdes nach vorne. Manchen Pferden, also den besonders gewitzten Exemplaren reicht die ›Erlaubnis‹ dazu aus, um dich nicht als Leitstute zu sehen.

Checkliste IV: Wie kann ich die Unterschiede zwischen Gewalt und Dominanz versus Konsequenz und PFERDE-GERECHTER Führung erkennen?

(siehe nächste Doppelseite)

Checkliste V: Dringender Handlungsbedarf

Wenn

- dein Pferd beißt und/oder schlägt
- dein Pferd ständig nach ›Gefahren‹ schaut

oder

- dein Pferd sich losreißt oder
- dein Pferd sich nicht von Artgenossen entfernt oder
- dein Pferd rückwärts rennt oder
- dein Pferd dich in der Longen- oder Freiarbeit attackiert,

dann

- kläre als erstes ab, ob es körperliche Ursachen gibt
- brauchst du dringend einen erfahrenen Trainer

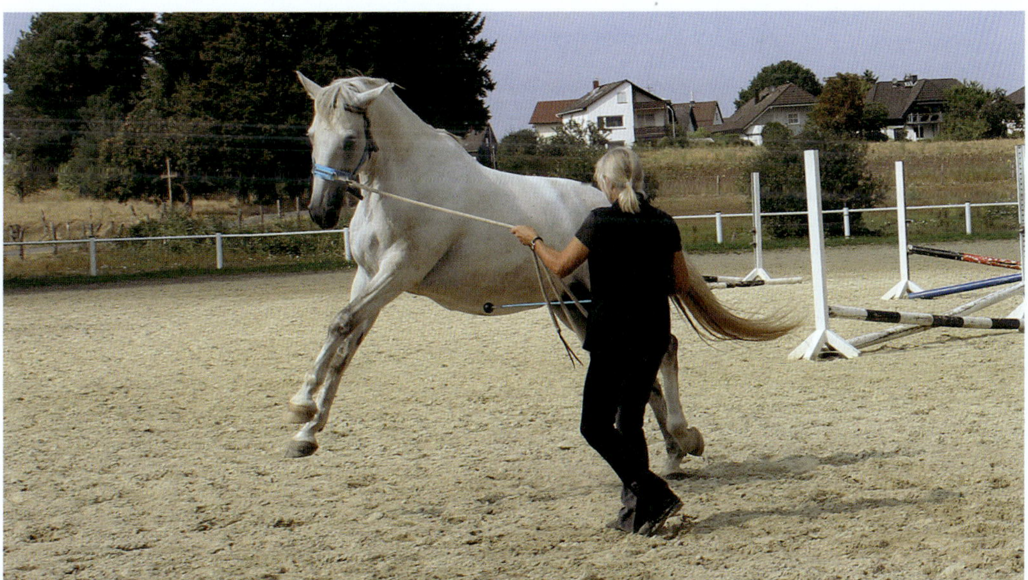

Merkmale von Gewalt

- wiederholte, emotionsgeladene Handlungen gegen das Pferd, z.B. Rupfen, Fluchen, Strafen
- körperlicher, mindestens aber emotionaler Übergriff oft unter Geheimhaltung, z.B. Pferd wird in der Box getreten
- Beleidigungen, Bedrohungen, Eskalationen unvorhersehbares Verhalten, z.B. cholerischer Wutausbruch
- empathieloser Blickwinkel des Handelnden mit Schuldzuweisung an das Pferd, z.B. »Das hat sich das Pferd selbst eingebrockt ...«
- hierarchische, andere abwertende Ich-Überhöhung, z.B. »Hier bin ich der Trainer. Wenn du nicht klarkommst mit …, dann ...«
- Machtgebaren, z.B. durch Missachtung der Hofregeln
- Pferde sind ängstlich, abgestumpft, apathisch bis depressiv im Verhalten, mechanische Ausführung von Befehlen
- ✔ absolutes No-Go im Umgang mit Pferden!

Merkmale von Dominanz

- markantes Auftreten mit Anspruch auf die Alpha-Rolle
- Anspruch auf Vorherrschaft über das Pferd, z.B. »Das Pferd hat sich mir unterzuordnen.«
- hierarchische Sichtweisen, z.B. »Es gibt keine Ausnahmen in Frage Unterordnung.«
- bestimmtes bis aggressives Auftreten
- (unbewusste) Angst, in Frage gestellt zu werden
- ✔ natürliches Verhalten eines Hengstes in aggressiver Form anderen Hengsten und in bestimmender Form seiner Familie gegenüber
- Pferde stellen Menschen mit unbewusster Dominanz immer wieder in Frage oder schließen sich gar nicht erst an, was zu erhöhtem Dominanzverhalten beim dominant auftretenden Menschen führt, bis es entweder in Gewalt oder in Bewusstwerdung gipfelt
- ✔ bewusste Imitation von emotionsloser Dominanz ist okay in der Hengst-Rolle

Merkmale von Konsequenz

- ist eine innere Haltung, die auf Berechenbarkeit beruht
- ein Verhalten erzeugt eine immer gleiche und damit vorhersehbare Folgereaktion
- Geduld, Beharrlichkeit
- neugierige, aufgeschlossene, dennoch vorsichtig testende Pferde

Merkmale von PFERDE-GERECHTer Führung

- Anwendung der Pferdesprache
- wertschätzende, liebevolle innere Haltung dem Pferd und allen anderen Wesen gegenüber
- keine Vermenschlichung und bewusste Projektion eigener Ängste auf die Pferde, v.a. auf Pferde mit Verhaltensauffälligkeiten; Pferde kommunizieren auch bei schlechten Vorerfahrungen und können durch Kenntnisse der Pferdesprache verstanden werden
- unbewusste Projektionen werden zurückgenommen, sobald sie erkannt sind
- gelassener, die Sprachmuster der Leitstute imitierender Umgang mit unserem Pferd beinhaltet konsequentes Verhalten
- emotionslose bzw. wohlwollende Einforderung von Raum und Grenzen
- Zielbewusstheit
- bei Bedarf emotionslose Dominanz, also die Imitation des Verhaltens des Hengstes in einer Familie
- Selbstreflexion und Weiterentwicklung des Sprachverständnisses
- sanftes Reiten aus dem Körpermittelpunkt
- konstruktive Fehlersuche bei sich selbst ohne zermürbende Schuldgefühle

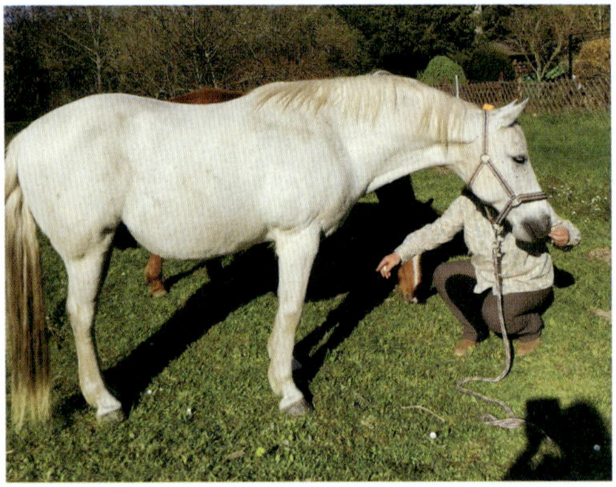

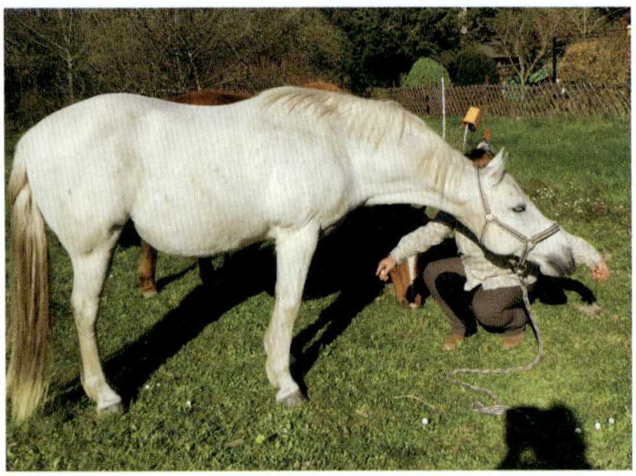

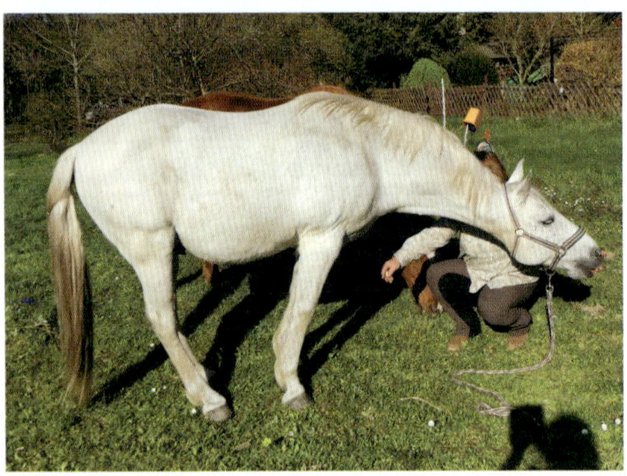

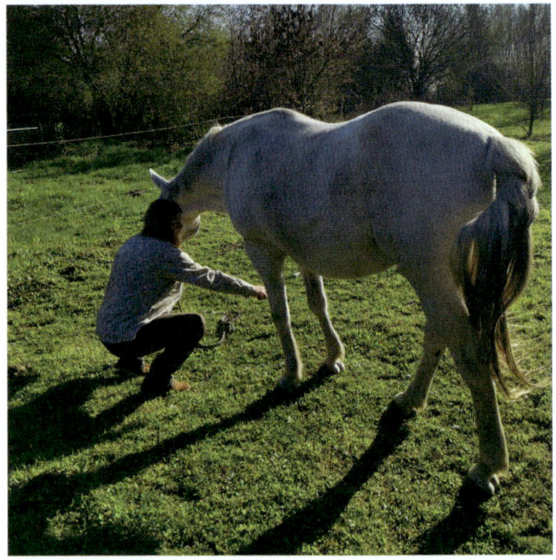

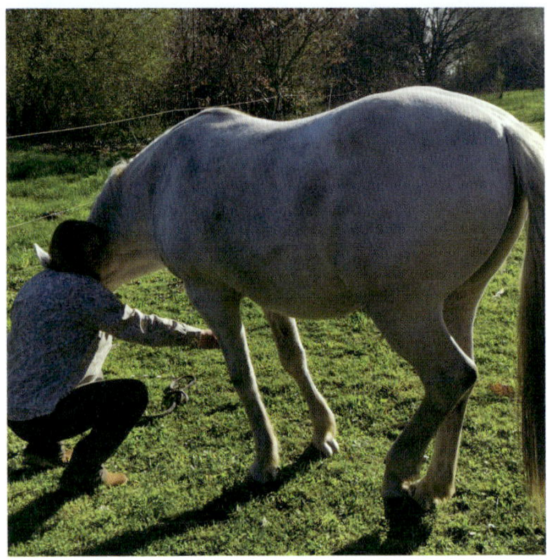

Fotos links oben: Ausgangsposition ist wieder das Parken, die rechte Hand zeigt Dajin, zu bleiben, die linke Hand hält ein Stück Apfel und animiert ihn, den Hals lang zu machen und sein Gewicht nach vorne zu verlagern
Fotos rechts oben: Heransetzen des rechten und des linken Hinterbeines bis zum gewünschten Ergebnis (Fotos ©Yvette Rosyn)

3. Übungen

Übungsvorschlag I aus dem Text: ›Bergziege‹

Beginne, wenn dein Pferd bereits aufgewärmt und die Rollenverteilung klar ist!

- Hilfsmaterial: 2 Gerten, größere Möhren- oder Apfelstücke oder andere Leckereien

Vorgehensweise

Lege eine Gerte zur Begrenzung quer vor die Pferdebeine und lass dein Pferd gucken und herantreten!

Hocke dich mit einer Möhre in der linken Hand linksseitig vor dein Pferd!

Der Abstand sollte so gewählt werden, dass du die Möhre so weit entfernen kannst, dass dein Pferd den Hals lang machen muss. Gleichzeitig musst du nah genug am Pferd sein, dass du die Vorderbeine am Vortreten hindern und die Hinterbeine einzeln zum Vortreten anregen kannst! Zunächst soll das Pferd beim Langmachen des Halses lediglich stehen bleiben.

Hebt sich ein Vorderbein, wird das sanft durch Berühren des Beines unterbrochen. Hebt sich stattdessen schon ein Hinterbein, wird das sofort durch aufmunternde Worte belobigt und dann pausiert.

Hat dein Pferd verstanden, dass es sich nicht vorwärtsbewegen, sondern nur den Hals strecken soll, kannst du beginnen, durch ein leichtes Kitzeln mit der zweiten Gerte am Hinterbein dieses zum Vortreten aufzufordern während die Möhre die Halsbewegung steuert!

Lobe jede kleine Tendenz wie das Entlasten eines Hinterbeines und feiere jede größere Vorwärtstendenz des ersten Hinterbeins!

Das Vortreten des zweiten Hinterbeins wird durch die weitere Entfernung der Möhre eingeleitet.

Auch hier wird jede Tendenz unterstützt, meist erfolgt gleich ein großer Entwicklungssprung, der gefeiert und belohnt werden sollte.

Übung II: ›Imaginäres Longieren‹ (2 Personen)

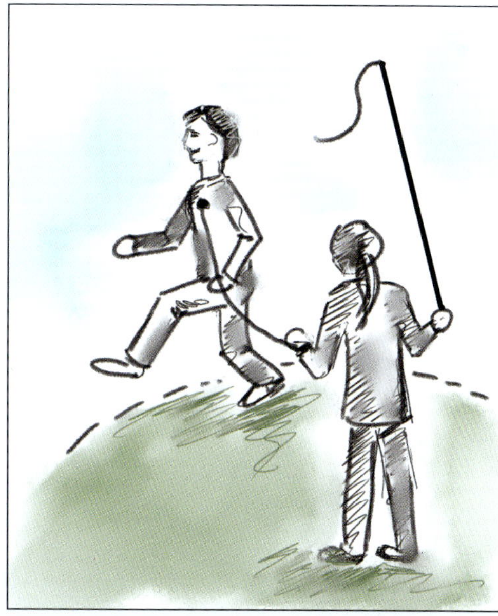

Diese Übung eignet sich hervorragend, um ein Gefühl für den Einsatz der eigenen Energie zu bekommen und Erfahrungen mit Abständen und Stellungen zum Pferd zu sammeln. Außerdem ermöglicht sie euch, Sicherheit im Umgang mit der Longe und der Armverlängerung zu trainieren.

- Hilfsmittel: Longe, Longierpeitsche

Durchführung

Eine Person übernimmt die Rolle des Pferdes. Die Longe kann mittig vorne am Pullover oder Anorak befestigt werden. Das ›Pferd‹ hat die Aufgabe, le-

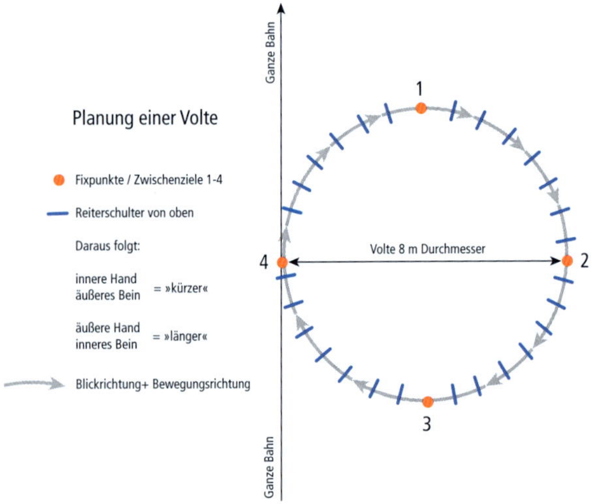

diglich das Wesen Pferd zu sein und feinfühlig auf den Longenführer zu reagieren. Es ist wichtig, dass man sich nichts ausdenkt, was man jetzt mal so machen könnte oder übermütig wird und sich Rodeo-Szenarien einfallen lässt. Ein echter Lernerfolg stellt sich nur ein, wenn man wirklich nur natürlich reagiert.

Die zweite Person übernimmt also die Rolle des Longenführers.

Nach einer von Euch festgelegten Zeit wird getauscht. Wählt das Zeitfenster so, wie ihr auch mit einem echten Pferd arbeiten würdet!

Tauscht euch über eure Erfahrungen in den beiden Rollen aus und gebt den jeweils anderen Hinweise, wie ihr ihn als Longenführer erlebt habt! Ehrliche Feedbacks können eure eigene Entwicklung enorm voranbringen.

Denkt daran, dass Kritik niemals abwertend formuliert werden sollte! Mit einer inneren Haltung, die anderen Lebewesen gegenüber positiv eingestellt begegnet, ist es völlig selbstverständlich: Kritik soll immer konstruktiv sein!

Übung III: gedankliche Planung einer Volte für das (imaginäre) Reiten

Imaginäres Reiten hat ein großes Potential, reiterliche Fähigkeiten zu verbessern. Diese Übung ist dem Text im Teil I entnommen, geht nur etwas tiefer.

Stell dir vor, du kommst ›Ganze Bahn!‹ und hast deinem imaginären (vielleicht von einer weiteren Person gespielten) Reitlehrer gerade alle deine Körperaktionen und Einwirkungen für diese Bahnfigur aufgezählt, die du ausgeführt hast. Nun bekommst du vom Reitlehrer den Auftrag ›Volte!‹

Du kannst folgendermaßen vorgehen:

- gedankliche Aufteilung des Kreises in vier Abschnitte
- Blick geht jeweils an das Ende des Viertels und gibt somit das nächste Ziel vor
- die Körpermitte ist der Drehpunkt
- mit dem Blick dreht sich die äußere Schulter minimal nach vorne, die hintere geht minimal zurück und damit drehen sich auch der Oberkörper und die Arme mit
- der äußere Arm geht nach vorne - der äußere Zügel wird dadurch ›länger› und der innere Arm geht zurück - der innere Zügel wird ›kürzer‹
- die Hüfte bleibt gerade, knickt also keinesfalls ab
- die äußere Po-Seite geht hoch-vor und wird »leichter« und die innere Po-Seite bewegt sich abwärts-zurück und wird »schwerer«

- das äußere Bein geht vor und wird ›länger‹ am Gurt und das innere Bein geht zurück und wird ›kürzer‹ hinterm Gurt

Außer der Drehung durch die Änderung der Blickrichtung geschieht nichts wirklich aktiv, sondern ist eine Folge der Drehung. Es geht hier nur um die genaue Wahrnehmung der einzelnen Geschehnisse in deinem Körper.

Probiere das auch mit anderen Bahnfiguren aus! Spiele mit deiner eigenen Energie und schau' welchen Einfluss sie hat!

Tausche dich mit anderen über eure Selbstbeobachtungen aus! Gibt es Unterschiede? Welche Gemeinsamkeiten könnt ihr finden?

Übung IV: Mundstück-Gefühl (2 Personen)

Eine Person setzt sich auf einen Stuhl und nimmt die Arme und Hände vor den Körper. Sie legt ein Mundstück mit Zügeln in die nach oben zeigenden Handflächen und schließt die Hände leicht. Die zweite Person nimmt die Zügel und stellt (oder setzt) sich hinter die sitzende Person. Nun werden die Zügel so aufgenommen und eingesetzt, wie es die jeweilige Gewohnheit ist.

Die hintere Person ›reitet‹ ein paar Bahnfiguren, wie Volten oder Schlangenlinien und imitiert dabei die unterschiedlichen Gangarten. Auch in dieser Übung könnt ihr ausprobieren, welchen Einfluss eure unterschiedlichsten Energielevel auf den jeweils anderen haben.

Nach ein paar Minuten werden die Rollen gewechselt.

Tauscht Euch am Ende über Eure Erfahrungen als ›Pferd‹ und ›Reiter‹ aus!

Die Mundstück-Übung: So wird das Mundstück gehalten.

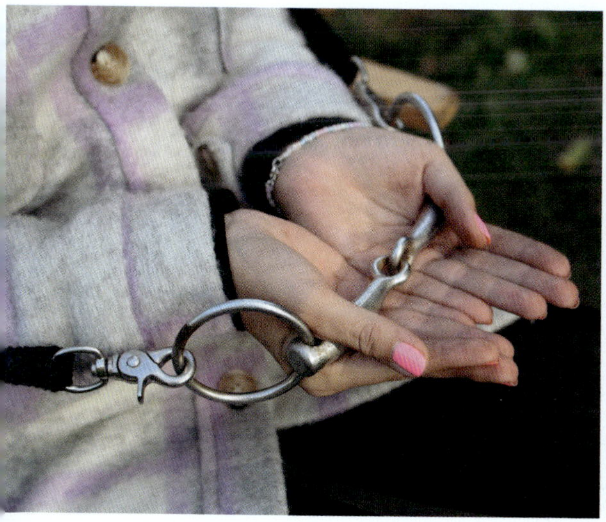

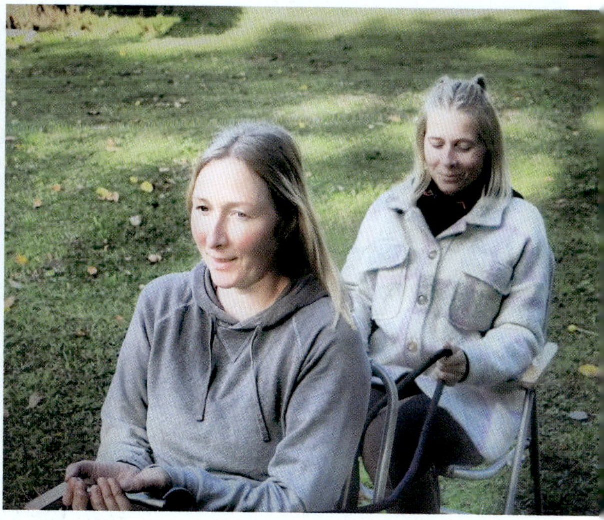

Übung V: Wahrnehmung von Emotionen und den dazugehörigen Gefühlen

Wir dürfen unsere Gefühle absolut wertfrei anschauen, wie sie sich auf körperlicher Ebene als Emotionen darstellen:
Was spürst du jetzt in und an deinen Füßen?
Wie ist dein Gewicht jetzt im Stehen verteilt?
Mit welchem Fußbereich setzt du heute beim Laufen auf?
Wie rollst du heute ab?
In und an deinen Beinen? Gibt es warme oder kalte Bereiche? Wie arbeiten Ober- und Unterschenkel zusammen?
Im Bereich deines Rückens? Angenehme Aufrichtung und Platz zwischen den Wirbelkörpern? Oder Hohlkreuzneigung? Krümmungen? Ist Streckung möglich?
In deinem Bauch? Aktive Darmtätigkeit? Bewegungen im Magen? Atem bemerkbar?
In deiner Brust? Wo ist der Atem spürbar? Ist der Herzschlag spürbar? Ist deine Brust weit oder eng?
An deinen Schultern? Locker und leicht? Oder hochgezogen? Nach vorne gekrümmt? Verspannt?
In deinem Hals? Weit oder eng? Ist ein Kloß im Hals?
An deinem Kopf? Leichtigkeit? Frei? Druck? Spannung?
In deinem Gesicht? Stirn weich oder hart? Augenpartie entspannt oder zusammengezogen? Ober- und Unterkiefer locker oder verbissen?
Jetzt hast du jede Menge über deinen Körper erfahren, was dein Pferd immer wahrnimmt. Es gibt dabei keine richtige oder falsche Selbstwahrnehmung, kein gutes oder schlechtes Zeichen. Es ist einfach so.
Du darfst nun dein Gefühl fragen, was es braucht. Einfach kurz auf die innere Stimme warten und den Verstand nicht plappern lassen!

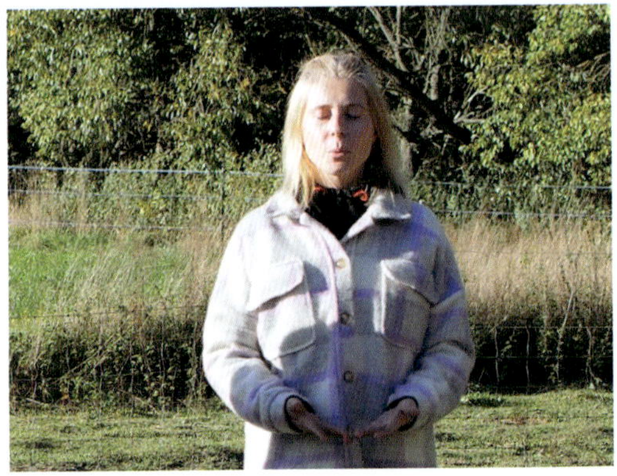
Das Atmen mit geschlossenen Ring- und kleinen Fingern ermöglicht eine tiefe Atmung bis tief in den Unterbauch bis zum Schambein.

Übung VI: Atemtechnik zur Angstreduktion

Angst ist ein Gefühl, das in einem alten Teil unseres Gehirns verortet ist. Dieser alte Teil ist für unser Überleben zuständig und daher wichtiger als der neuere Teil, der denken und sprechen kann. Passiert irgendwas, hat unser menschlicher Verstand nichts mehr zu sagen, unser inneres Säugetier-Programm, das limbische System, übernimmt. Das war für unsere Vorfahren überlebenswichtig. Daher hört dieses Programm nicht auf Sätze: »Du brauchst keine Angst zu haben!« oder »Ich? Ich habe doch keine Angst!«. Dieses Programm hört ausschließlich auf die Signale unseres Körpers. Das ist seine Aufgabe!

Um nun Angst zu reduzieren, braucht es keinen Tee und keine beruhigenden Worte, sondern lediglich einer Veränderung der Körpersignale, die an unser Säugetier-Gehirn gesendet werden. Der Atmung kommt dabei eine Schlüsselfunktion zu.
Setze oder lege dich entspannt hin!

- Das sind Körpersignale, die unserem Gehirn zu verstehen geben, dass Flucht gerade nicht nötig und ein Alarmzustand beendet ist.

Schließe deine Augen!

- Das ist kein Muss, aber geschlossene Augen signalisieren dem Gehirn, dass keine Gefahr besteht. Würde Gefahr bestehen, wären unsere Augen weit aufgerissen, um nichts zu verpassen.

Atme ruhig und tief in den Bauch hinein ein!

- Die Bauchatmung ist für unser Gehirn ein eindeutiges Zeichen, dass unser Stresslevel geringer ist. Das wäre bei Angst komplett anders. In Angst wird eine flache Brustatmung für den Fluchtmodus gebraucht.

Konzentriere dich auf ein sehr langes Ausatmen!

- Auch das ist ein äußerst wichtiges Signal für unser Säugetier-Gehirn, dass keine Gefahr besteht. Folgt auf das lange Ausatmen eine kleine Pause, setzt der natürliche Einatemreflex ein und es genügt, sich nur auf das lange Ausatmen zu konzentrieren.

Schüttel dich!

- Wenn Fluchttiere einer Raubtierattacke entkommen sind, schütteln sie sich. Auch andere Tiere schütteln Stress ab. Wir können das für unsere eigene Angstreduktion imitieren.

Wiederhole die Übung, solange du magst. Es gibt noch eine Vielzahl anderer Übungen wie z.B. 5-4-3-2-1, sodass für jeden Menschen etwas Passendes zu finden sein wird.

Übung VII: Kontrolle loslassen lernen

Wähle ein Thema aus, bei dem du lockerer werden möchtest oder dir selbst mehr zutrauen willst!
Hier findest du ein paar Inspirationen:
»Ich traue mich nicht, gebisslos zu reiten.«
»Ich traue mich nicht, einem Pferd den Rücken zuzudrehen.«
»Ich traue mich nicht, ohne Sattel zu reiten.«
»Ich bleibe lieber auf dem Platz.«
usw.
Sorge dafür, dass du mindestens eine halbe Stunde ungestört bist!
Schalte auch dein Handy aus!
Teile einen Raum in 3 Bereiche ein! Du kannst dazu einfach Seile oder Kreppband benutzen.
Nimm ein Blatt Papier zur Hand und übernehme folgende Abbildung.

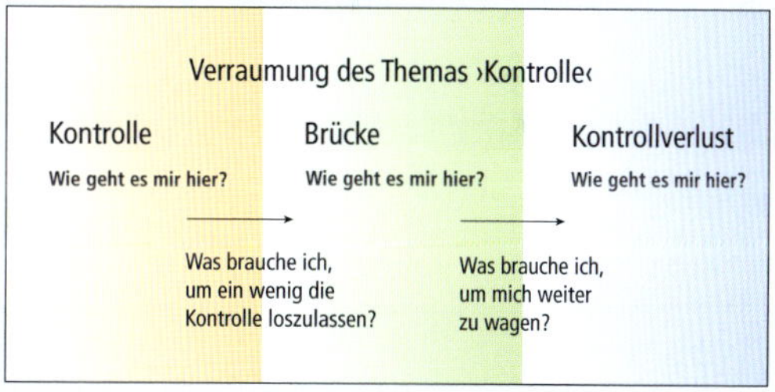

Betritt nun den 1. Raum ›Kontrolle‹!
Nimm einfach wahr und folge deinen Impulsen!
Notiere dir, wie und was du denkst!
Schreib wirklich alles auf!
Wie geht es dir in diesem Raum?
Wie fühlst du dich?
Welche Körperempfindungen spürst du?

Was will dein Körper?
Wo stehst du? Bewegst du dich?
Verändern sich Gedanken?
Geh in deinem Tempo vor!
Du musst überhaupt nichts! Du darfst!
Du kannst das lange Ausatmen nutzen, um deinen Körper zu beruhigen!
Wenn du etwas möchtest, was du dich nicht traust, frage dein Innerstes, was du brauchst! Hör einfach zu!

Es gibt kein Falsch und kein Richtig! Mach einfach deine persönlichen Erfahrungen!

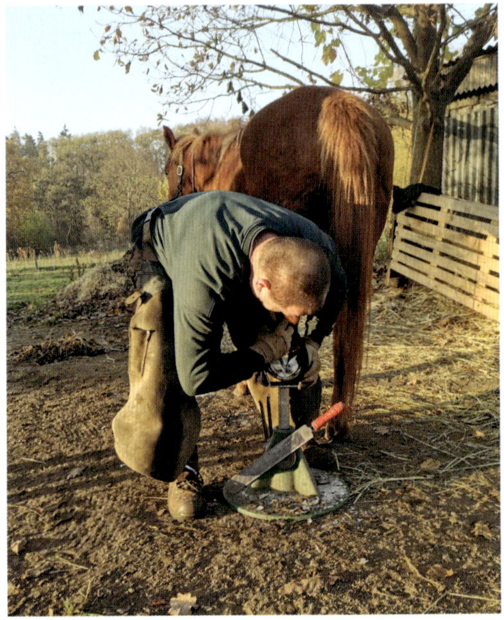

In der Parkposition steht ein Pferd auch ohne Anbinder ruhig und entspannt beim Hufschmied.

Übung VIII: Stehen beim Hufbearbeiter/-schmied gut vorbereiten

- Wenn dein Pferd in geschlossener Stellung aufgestellt wird, ist ihm zum einen klar, dass es ruhig stehen soll und zum anderen sind alle Hufe gleichmäßig mit Gewicht belastet.
- Zur Aufnahme des Vorderhufes, fährt deine dem Pferd zugewandte Hand am Pferdebein bis zur Fessel hinab und greift leicht, aber beherzt zu.
- Deine Schulter kann durch etwas impulsartigen Druck auf das Schulterblatt des Pferdes eine Gewichtsaufnahme der anderen drei Beine unterstützen.
- Auch ein Kommando, wie z.B. »Gib Huf!« o.ä., kann den Vorgang einleiten. Ein »Und ab.« o.ä., kann ihn beenden.
- Steht dein Pferd ruhig und sicher, steigerst du die Zeit, die es selbsttragend auf drei Beinen stehen können sollte.

Tipps:

- Macht sich das Pferd schwer, also legt es sein Gewicht auf das aufgenommene Bein, hilft es, immer wieder leicht loszulassen oder einen Impuls an den Hals zu geben. Dadurch bleibt dein Pferd in Selbsthaltung.

- ›Angelt‹ das Pferd mit seinem Bein, begrenzt du es durch deinen Oberschenkel, wartest auf eine Beruhigung und lässt es dann zeitig den Huf absetzen (Lob für die Beruhigung nicht vergessen).

- Zappelt und tippelt das Pferd unruhig herum oder schnappt es nach deinem Rücken, solltest du zu den Anfängen der Bodenarbeit, der Überprüfung deiner Leitstuten-Rolle zurück gehen.

- Schlägt ein Pferd aus und das verunsichert dich, solltest du mit einem Trainer arbeiten, der dem Pferd liebevoll-konsequent gerecht werden kann, ihm Sicherheit vermittelt und dich in der Einnahme deiner Leitstuten-Rolle unterstützt.

4. Ideen

Idee I: Vorschlag für ein Lernerfolgs-Tagebuch

Datum, Zeitfenster, Ziel
geplante Vorgehensweise
tatsächliche Vorgehensweise
Reaktionen des Pferdes
wichtige Erkenntnisse
welche Lernphase

- wenn 1. Erfolg, dann feiern
- wenn Rückschritt, dann die Situation annehmen und auf die nächsten Entwicklungen vertrauen
- wenn Plateau (Festigungsphase), dann aushalten und diese Phase als wichtig für die Etablierung des neu Erlernten im Gehirn werten
- wenn nächster Erfolg, dann feiern
- wenn Rückschritt, dann akzeptieren und wahrnehmen, dass es nicht auf das Niveau 0 zurückgeht, sondern vielleicht bis zum letzten Plateau
- usw.

Malen, Kleben, Kritzeln und der eigenen Kreativität freien Lauf lassen!

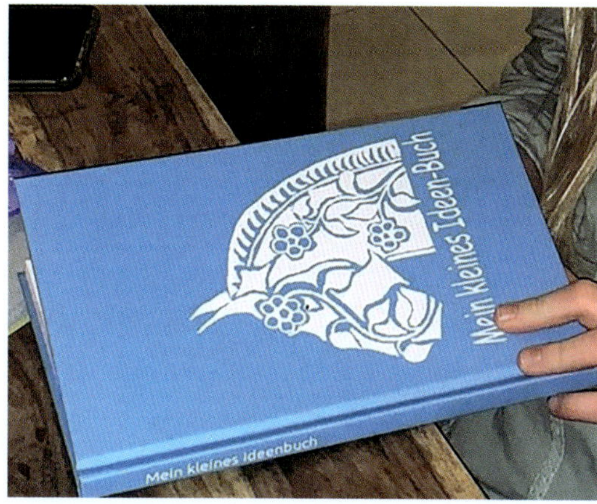

Lernerfolgstagebücher in verschiedenen Varianten sind bei amazon.de erhältlich.

Immer wieder Beobachtungsaufgaben an sich selbst stellen, z.B. zur körperlichen Beurteilung eines Pferdes oder zur Gangbeurteilung usw.

Idee II: Reiten mit Angst nach dem ›Weniger-ist-mehr‹-Prinzip

Zur Unterstützung:

Lernen von Meditations- und Atemtechniken sowie von persönlich hilfreichen Bewältigungsstrategien
Sicherheitsgewinn durch umfangreiche Bodenarbeit
Auswahl eines vertrauenswürdigen Trainer-Pferde-Teams

»Wo die Angst ist, da geht es lang!« - Konfrontation ist der Weg aus der Angst:

- 1. Hopsen am Pferd
- 2. Ruckeln am Sattel
- 3. ein Bein in den Steigbügel stellen

- 4. vom Boden abdrücken, seitlich eine Sekunde im Bügel bleiben, abspringen
- 5. vom Boden abdrücken, in den Bügel stellen, ein paar Sekunden verharren, abspringen
- 6. in den Bügel stellen, abdrücken, über das Pferd legen, abspringen
- 7. in den Bügel stellen, abdrücken, über das Pferd legen, freies Bein langsam über die Kruppe, bis der Reiter irgendwann sitzt, zunächst vielleicht noch zusammengesunken
- 8. Atemtechniken anwenden!
- 9. Alles ist O.K.! Hauptsache dranbleiben!

Du befindest dich in einem (Um-)Lernprozess! Tatsächlich nutzt du hier das Konditionieren, das »Lernen am Erfolg«, weil Angst im Säugetierbereich deines Gehirns stattfindet und daher für höhere Lernformen wie z.B. dem Lernen durch Einsicht gar nicht zugänglich ist.
Beim Verlernen der Reitangst kannst du dich selbst belohnen und außerdem alle Phasen des Lernens erleben.
Wenn der Reiter irgendwann sein Einverständnis gibt, fordert

- 1. die ›Leitstute‹ das Pferd auf, ein paar Schritte zu folgen.
- 2. Die Zeit auf dem Pferd und die Gangarten verändern sich im Tempo des Reiters.
- 3. Später übernimmt der Reiter mit Zügeln und lobender Stimme nach und nach die Führung, während ihn die ›Leitstute‹ zunehmend weniger unterstützt.

Tipp: Mir hat in den Phasen, in denen ich mich meinen Ängsten stellte, der schon erwähnte Song von Alexa Feser geholfen:
»Mut ist, wenn du mit der Angst tanzt,
das, was du nicht ganz kannst,
trotzdem versuchst.
Mut ist, wenn du wieder aufstehst,
Pflaster auf die Haut klebst
und weiter suchst ...«

Idee III: Anti-Schreck-Training für den Menschen

Du hast jetzt so viel über die Wichtigkeit deiner Leitstuten-Rolle gehört, dass die Überschrift dich nicht mehr überraschen sollte.
Als Leitstute entscheidest du, was gefährlich ist und was nicht, wann sich die Familie fortbewegt und wann sie stehen zu bleiben hat. Du sicherst das Überleben deiner pferdischen Familie.
Aber für dich als Leitstute macht es Sinn, deine eigene Schreckhaftigkeit zu trainieren und dir deine dazugehörigen Gedanken anzusehen.
Achte bei den folgenden Aussagen auf deine Körperreaktion!

Sagst oder denkst du »Oh, nein, da sind:

- Fahnen
- Luftballons am hupenden Auto
- aus dem Fenster kreischende Menschen in einem auf uns frontal zukommenden Wagen
- entlüftende LKWs
- überbreite, wackelnde Mähdrescher
- aufdrehende oder springende Motor(cross)-räder
- Windkraftanlagen und deren Schattenschlag
- eine Schafherde ...«

Oder kannst du das alles zwar am Rande registrieren, weiter in dir selbst ruhen und aus den Vorkommnissen einen Erfolgsmoment für dich kreieren?

Beobachte dich, in welchen Situationen du einen Schrecken bekommst oder anfängst, dir Gedanken über die ›Wenns und Danns‹ zu machen. Das ist dein perfektes Übungsfeld.

Idee IV: Fehlererkundung im Umgang mit den vorwitzigen Exemplaren

Wir lieben sie: unsere Ponys. Manche von ihnen werden ihrem Ruf gerecht, sind frech, gewitzt und haben immer einen Streich auf Lager. Manche können unserem Körper aber auch gefährlich werden, wenn sie uns in die Nase beißen oder ein vergängliches Glücks-Hufeisen-Tattoo auf unseren Oberschenkeln hinterlassen. Eine Freundin sagte mal über zwei in der Nähe lebende Minishettys: »Die sind uns richtig angegangen. Das waren garantiert keine Fluchttiere.« Soweit unsere menschlichen Sichtweisen.

Knopf war ein Lehrbuch-Pony: intelligent, freiheitsliebend und immer für eine Überraschung gut. Foto © Anne Meißner.

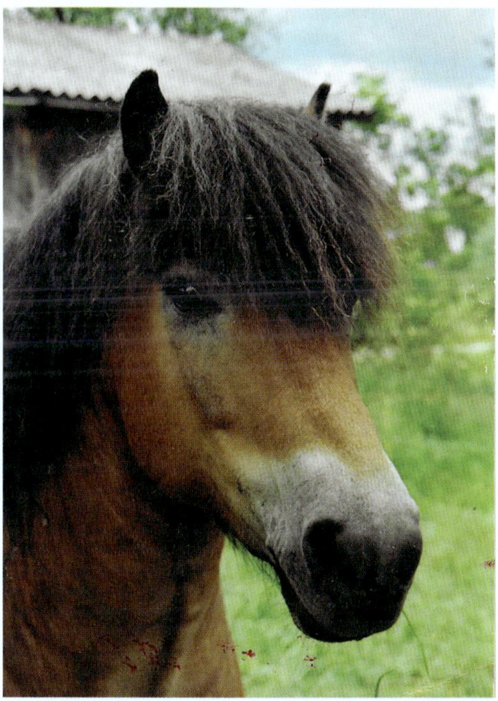

Ponys und Pferde, egal mit welchem Verhaltensrepertoire ausgestattet, bleiben Beutetiere und ihr Verhalten unter Artgenossen ist genetisch programmiert.

Für uns, die wir gebeten werden mit diesen kleinen Rackern zu arbeiten, ist das wichtig. Denn es bleibt einfach dabei: Bin ich Leittier, ist der Rest ein Kinderspiel.

Idee V: Erweitere den unvollständigen Ausreden-Katalog um deine eigenen Lieblingsausreden!

»Nee, wir reiten heute **lieber** hier lang, **weil** ...« (Gründe wie Baumfällarbeiten u.ä. erfordern kein »lieber«)

»Ich steige ab/drehe um, **weil** da kommt: Pferd, Motorrad, fliegende Mülltüte oder, oder, oder ...« (eine Leitstute entscheidet über Gefahr oder Nicht-Gefahr)

»Mmh, ja, **ich** wollte das **auch** so!«, wenn ein Pferd eine Entscheidung eigentlich selbst getroffen hat

»Das haben wir schon mal gemacht und das ist nichts für uns!«

- »**Heute** ist ... besonders guckig.«
- »Mir ist **heute** irgendwie nicht gut.«

- »… **ist ein Träumer** und schaut halt gerne in der Weltgeschichte herum.«
- »Das **kann … noch nich**t. Das müssen wir noch üben.«
- **»Das kann ich nicht.«**
- »Was sollen **die anderen** von mir denken, wenn ich jetzt ohne Pferd longiere?«
- »**Angst habe ich nicht**, nur Respekt.«

Wenn du die fett markierten Wörter hinterfragst, kommst du dir und deinen Ausreden schnell auf die Schliche. Es reicht übrigens aus, wenn du bei dir schaust und die anderen Pferdeleute ihren eigenen Weg gehen lässt. Vielleicht fallen dir wie meinen Freundinnen und mir noch weitere Ausreden ein. Das kann ein lustiges »Kenn'ste die schon: …?«-Gespräch ergeben.

Fallen dir eigene Lieblingsausreden ein? Notiere sie auf einem Blatt Papier.

5. Gedanken

Gedanke I: Deinem Pferd fehlt es an Balance

Pferde sind wie wir Menschen auch natürlicherweise ein wenig schief und haben eine bevorzugte Händigkeit. Solange kein Mensch auf dem Pferd sitzen möchte, ist das alles kein Problem. Ein gesundes Pferd bekommt alleine meistens gut die Kurve. Es sieht zwar nicht schick aus, aber dein Pferd balanciert sich selbst ausreichend aus. Als Beutetier ist das unerlässlich, denn ein Sturz könnte den Tod bedeuten.

Dein Pferd hat also Balance!

Nun möchtest du dich im Sattel sicher nicht wie ein Motorradrennfahrer in die Kurve legen und erwarten, dass dein Pferd dich mit ausgleicht. Das wäre sicher für die Gelenke deines Pferdes ebenfalls nicht zuträglich. Du möchtest wahrscheinlich, dass dein Pferd aufrecht vorwärts-abwärts geht, sich geschmeidig biegt, nicht durch die Ecken eilt und zu jeder Zeit kontrollierbar ist? Okay.

Daran darfst du arbeiten, jedoch nicht erwarten, dass dein Pferd im Alltag oder in einer Gefahrensituation seiner natürlichen Balance entsagen wird.

1. Stelle wie immer zunächst sicher, dass dein Pferd körperlich in Ordnung ist und nicht unter Verspannungen oder Blockaden leidet! Bei der Lösung kann deinem Pferd ein Pferdephysiotherapeut, -osteopath oder -chiropraktiker helfen.
2. Ist dein Pferd körperlich locker und durchlässig, kannst du ihm durch einfache Übungen an der Longe zeigen, sich so auszubalancieren wie du es gerne hättest.
3. Halte eine lockere Verbindung zum Pferd, d.h. in deiner Hand befindet sich nur das Gewicht der Longe, höchstens kurzzeitig wenige Gramm mehr. Es wird nie mit Kraft, sondern mit kleinen Impulsen gearbeitet.

Du arbeitest zunächst im Schritt.

Bewegt dein Pferd sich auf einer Kreisbahn, dann fordere es durch einen kleinen Impuls mit deiner Führungshand auf, seinen Hals ein wenig nach innen zu biegen und treibe gleichzeitig die Hinterhand nach außen! So bewegt sich das Pferd weiter auf zwei Hufschlägen, als würde es eigentlich geradeaus gehen.

Hat dein Pferd in beiden Richtungen verstanden, was du von ihm erwartest, gehst du in den Trab über.
Mit der Arbeit im Galopp kannst du beginnen, wenn dein Pferd auf beiden Seiten in Selbsthaltung in unterschiedlichen Tempi auf der Kreisbahn traben kann.
Dein Pferd wird später mit einem Reiter auf der Kreisbahn sehr bald merken, wie angenehm das Traben und Galoppieren auf zwei Hufschlägen ist. Loben nicht vergessen.

Gedanke II: Wer longiert wen?

Interessant ist es in der Longenarbeit den Bewegungsanteil der Partner zu beobachten.
Ist der Mensch in der Reaktion und muss viel laufen, dann ergibt sich ein unschöner Anblick. Es fehlt an Harmonie und vor allem an Führungskompetenz.
Ist das Pferd durch die Körpersprache eines reagierenden Menschen eher verunsichert, bietet es unterschiedliche Bewegungsabläufe an. Der Mensch versucht, das Pferd irgendwie auf die Bahn zu bringen, ist dabei unkoordiniert, bremst das Pferd durch falsch eingenommene Positionen vorne aus, während er hinten vermehrt zum Antreiben neigt. Es scheint wie ein chaotischer Kreisel.
Andere Pferde entziehen sich eher vorwärts, stürmen über den Platz, bleiben abrupt stehen, drehen dem Menschen immerzu ihre Front zu oder drehen bei Annäherung blitzartig nach außen ab.
Ist der Mensch jedoch aktiv harmonisch wechselnd in der Leitstuten- und Hengstposition und weiß genau, was sein Ziel ist, läuft er deutlich weniger als das pferdische Familienmitglied. Er bewegt sich ruhig, gelassen, dennoch energetisch und gibt Impulse, die vom Pferd umgesetzt werden. Das Pferd ist aufmerksam. Die ›Rangfolge‹ bleibt klar erhalten und Fortschritte in der Arbeit werden möglich.

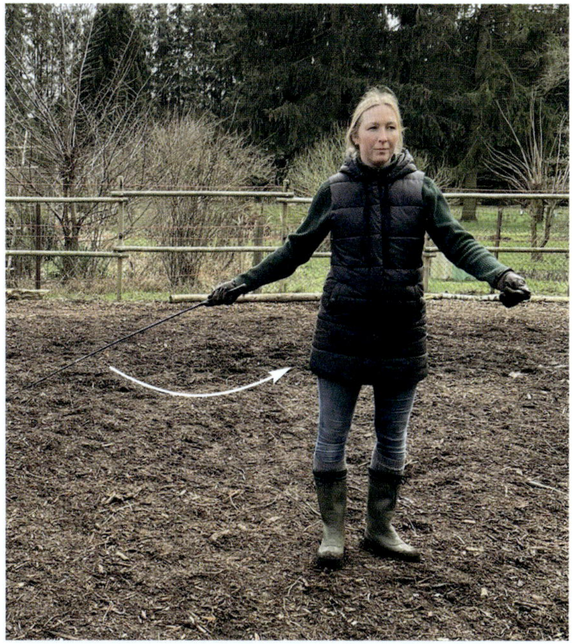

Die treibende Hilfe arbeitet wie der Hals eines Hengstes: von unten nach oben.

Tipp:

Die hinter dem Pferd treibende Armbewegung sollte wie die treibende Kopfbewegung des Hengstes erfolgen: von unten nach oben!
Dazu kannst du dir vorstellen, dass aus deiner Hand Energie in Richtung Pferd geschickt wird. Geht die Armbewegung von oben nach unten, geht die Energie in Richtung Boden und verpufft.

Erfolgt die Armbewegung jedoch von unten nach oben, geht die Energie in Richtung Pferd und unterstützt die Vorwärtsbewegung.

Gedanke III: Sorge oder Angst, in der führenden Position zu übertreiben?

Ja, das kann ich nachvollziehen. Ich denke, dass es wichtig ist, das eigene Verhalten richtig einordnen zu können, damit diese Sorge geringer wird. Selbstbeobachtung und -reflexion, aber auch das konstruktive Feedback anderer sind dabei enorm wichtig.

Es kann tatsächlich sein, dass du eine Zeit lang übertreibst und an die Grenze zur Dominanz stößt. Das passiert manchmal, wenn du eigentlich erfolgreich weiter kommst im Verstehen und ›Sprechen‹ der Pferdesprache. Schleichen sich die Gedanken des MÜSSENS und des NICHT-VERSAGENDÜRFENS ein, stehst du unter Druck. Bleibt der Vorgang unbewusst, nimmst du diesen Druck in die Begegnung mit deinem Pferd mit und wirst plötzlich eine gestörte Kommunikation und Disharmonie erleben. Bewusstwerden ist der Schlüssel zu fast allen Problemen und sicher ist, dass sich deine Führungskompetenz angenehm einpendeln wird.

Gedanke IV: Deeskalation in schwierigen Situationen

Manche Situationen sind brenzlig, manche wirklich gefährlich. Immer sollte gelten, dass die Sicherheit an erster Stelle steht. Was könnte ich tun, wenn ich alleine nur auf mich gestellt wäre? Nutze die folgenden Vorschläge als Inspiration, um deinen eigenen Plan zu finden!

Leichte Arten der Gefährdung

Du kannst ritualisierte Worte wie z.B. »Nur gucken!« oder »Ich habe es gesehen. Es ist alles in Ordnung.« einsetzen, denn das beruhigt nicht nur dein Pferd, sondern vor allem dich als Reiter genauso wie Summen, Singen, langes Ausatmen. Du musst niemandem etwas beweisen!

Mittlere Arten der Gefährdung

Hier kann zu deiner Sicherheit das Verlassen der Situation oder beim Reiten Abspringen sinnvoll sein.

Kehre zurück zur Selbstreflexion, Selbstregulation und Bodenarbeit! Das geht überall, auch im Wald oder sonst wo.

Schwere Arten der Gefährdung

Solltest du doch einmal einen Pferdekopf abbekommen, umgerannt werden oder stürzen, nimm dir Zeit zum Durchatmen und Reflektieren, bevor du weitermachst!

Gut zu wissen: Die Zeitlupenwahrnehmung ermöglicht deinem Gehirn, bewusste Handlungen wie z.B. das Abrollen beim Fallen einzuleiten.

Im Zweifelsfall

Bist du verletzt oder ist dir schwindelig, dann bleibe sitzen oder liegen und wähle den Notruf 112!

Handlungsempfehlung für den eskalierenden Notfall

... und wirklich nur für diesen Fall!

Dieses Vorgehen hat nichts mit Pferdesprache und PFERDE-GERECHTER Sanftheit zu tun, sondern ist dominanzbasiert und sollte ausschließlich in nicht anders zu lösenden Situationen zur Unfallvermeidung eingesetzt werden!

- Beim Durchgehen oder Rückwärtsrennen in Richtung Straße, Zaun, Abhang oder sehr niedrigen oder engen Gegebenheiten den Pferdekopf so dicht wie möglich ans eigene Knie bringen und das Pferd kreiseln lassen. Beruhigt sich das Pferd etwas, kannst du immer wieder ruhiges Geradeaus erfragen. Wenn ein »Ja« kommt, dann lobe dein Pferd und entscheide dich für eine Pause, bis alle wieder entspannt sind.
- Kommt dein Pferd nicht aus der Aufregung, lässt du es um dein Knie kreiseln bis gefahrloses Abspringen oder -steigen möglich ist.

Gedanke V: Wann sind Leckerlis okay, wann besser nicht?

Ich arbeite im Allgemeinen ohne die Gabe von Leckerlis, belohne eher durch Stimme, Massagen und andere wohltuende Berührungen des Pferdekörpers.

Pferde sind unglaublich schnell darin, dich und deine Jackentasche als Ort des unbegrenzten Möhrenwachstums wahrzunehmen. Das kann ge nauso schnell dazu führen, dass es zu »Diskussionen« kommt, in denen du deinem Pferd deinen Wunsch zu leiten sehr deutlich machen musst und so deine eigenen Erfolgserlebnisse boykottierst. Auf Leitstuten wachsen nun mal keine Leckerlis und sie füttern die anderen Familienmitglieder auch nicht. Wer dort fressen will, wo ein ranghöheres Tier frisst, bekommt eine sanfte Ansage und nicht den leckersten Grashalm.

Leckerlis gibt es bei mir, wenn ich einen Trick üben möchte und noch eine Weile mit absteigender Frequenz in der Festigungsphase. In dieser Zeit muss ich besonders auf die Einhaltung meiner Leitstutenposition achten, weil ich gegen die vorher genannten Regeln verstoße. Ich lade also ungewollt zur Diskussion ein.

Gedanke VI: Bin ich beim Putzen und Massieren am Hinterkörper auch in der Leitstuten-Rolle?

Ja. Die Leitstute nimmt aktiv den Kontakt zum Körper des anderen Pferdes auf, um z.B. zum gegenseitigen Rückenkratzen einzuladen. Bleibst du weiter beim Putzen und Massieren im Hier & Jetzt, hast dein Pferd im Blick und achtest klar auf die zwischen euch geltenden Regeln, bist du in der Leitstuten-Rolle.

Gedanke VII: Was mache ich, wenn das gar nicht so funktioniert?

Hier möchte ich an das eingangs zu findende Zitat von Egon von Neindorff erinnern: »Wenn dein Pferd einen Fehler macht, so suche die Ursache bei dir. Und kannst du sie nicht finden, dann suche gründlicher!«

Ich kann das nur bekräftigen: Du musst weiter nach den Unklarheiten bei dir suchen, viel Zeit in die Beobachtung und Nachahmung der Leittiere investieren und das Pferdesprachesprechen immer wieder üben. Gelingt dir das nicht alleine, empfehle ich dir, dir professionelle Unterstützung zu suchen. Pferdesprache ist eine Sprache, die du für das Wohl deines Pferdes und eure Beziehung lernen darfst.

ANHANG

Definitionen und Begriffserklärungen

Was ist eine Capriole?

Die Capriole ist ein Element der Hohen Schule (klassichen Reitkunst). Das (gerittene) Pferd springt in die Luft und tritt mit beiden Hinterbeinen parallel zum Boden schwungvoll aus.

Was ist eine Levade?

Die Levade ist ein Element der Hohen Schule. Das (gerittene) Pferd verlagert sein Gewicht auf die gebeugten Hinterbeine, hebt seinen Rumpf in einem Winkel von unter 45 Grad und zieht die Vorderbeine gebeugt an den Körper heran.

Koppen

Beim Koppen schluckt das Pferd frei oder durch Aufsetzen mit den oberen Schneidezähnen und Gegendruck des Unterkiefers Luft. Dabei treten die Halsmuskeln stark hervor und die Augen wirken wie in Trance.

Weben

Beim Weben wippt das Pferd in hoher Frequenz abwechselnd vom rechten auf den linken Vorderfuß. Meistens ist die Hals-Kopf-Partie mehr oder weniger stark mit in die stupiden Bewegungen einbezogen. Auch hierbei wirkt das Pferd verkrampft und die Augen oft glasig abwesend. Ähnliche Phänomene kenne ich von Menschen, die als Kinder stark vernachlässigt wurden. Es sind Zeichen für Hospitalismus. Wesentliche Grundbedürfnisse wurden in der Kindheit nicht erfüllt!

Mögliche Antworten auf die Kapitel begleitenden Antworten auf die Fragen

Seite 8: Welche Grundbedürfnisse eines Pferdes kennst du?

- Luft
- Wasser
- Sonnenlicht
- Grünfutter, Heu
- Bewegungsfreiheit
- Ruhemöglichkeiten
- Artgenossen
- Fortpflanzung

Seite11: Welche Rollen solltest du in der Arbeit mit deinem Pferd ausfüllen können?

- die aktiv führende Rolle des Hengstes und
- die passiv führende Rolle der Leitstute

Seite 13: Wie wirken die Pferde auf Dich?
Beobachtungen ohne Vermenschlichung, aber mit Hintergrundwissen über Bedürfnisse und frei lebende Pferde schulen deinen Blick für Pferde gerechte Bedingungen.

Seite 16: Was passiert in uns, wenn wir schimpfen, meckern oder herumschreien?
Beobachte das einmal bei dir selbst!
Welches Gefühl zeigt sich?
Einige mögliche Beobachtungen:

- eventuell Zornfalte
- Augenpartie zieht sich zusammen
- Anspannung im Kiefer
- Herzschlag erhöht sich
- die Einatmung ist hektisch tief, während die

Ausatmung stoßartig erfolgt

- es brodelt im Bauch
- die Bewegungen werden abgehakter

Das dazugehörige Gefühl ist die Wut, die manchmal auch nur als Ärger bezeichnet wird.
Wieso sollte ein Pferd einem ›Leittier‹, das dieses Gefühl im Bauch hat, folgen?
Es gibt keinen Grund, einem nicht in sich ruhenden Leittier zu folgen, denn es kann das Überleben nicht sichern

Seite 23: Wie kannst du bei deinem Pferd erkennen, dass es eine Aktion verarbeitet und daraus lernt?

- es kaut und gähnt

Seite 28: Welche Rolle oder Rollen nimmst du in der Longen- aber auch in der Freiarbeit ein?

- die Rolle der führenden Leitstute
- die Rolle des treibenden Hengstes

Ich wünsche Dir eine wunderbare PFERDEGERECHTe Zeit mit Deinem geliebten Pferd.

Herzlichst,
Stephanie N. Meißner

Möchtest Du mehr über uns oder meine Angebote erfahren, so kannst du mich gerne im Internet unter www.stephanienadinemeissner.de oder auf Instagram besuchen.

Danksagung

Ich danke allen Menschen und Pferden, von denen ich durch Beobachtungen lernen durfte.
Ich danke allen Pferden, die meine leidlichen Kommunikationsversuche ertragen und zu meinem immer tiefer werdenden Verständnis beigetragen haben: Carina, Duran, Anima, Pepsi usw.
Ich danke allen meinen Herzenspferden, die mich begleitet haben und es zum Teil immer noch tun: Lindos Victorio, Vichy, Vinzenz Vonchanto, Knopf, Navaron, Cara und Dajin.
Ich danke meinen Freundinnen Lisa, Lisa und Susa, die an mich und meine Fähigkeiten glauben und dies bereits taten, als ich selbst noch zweifelte.
Ich danke meinen Probelesern für ihre hilfreichen Kommentare und Anmerkungen.
Ich danke meinen Eltern und meinem Bruder Thomas, dass sie mir meine Pferde finanzierten als ich noch Schülerin und Studentin war.
Ich danke Claudia König und den Mitarbeitern vom Verlag Müller Rüschlikon für das in mich gesetzte Vertrauen und die gute Zusammenarbeit.
Frau Diacont danke ich für die zur Verfügung gestellten Bilder und die grafische Umsetzung meiner Ideen.

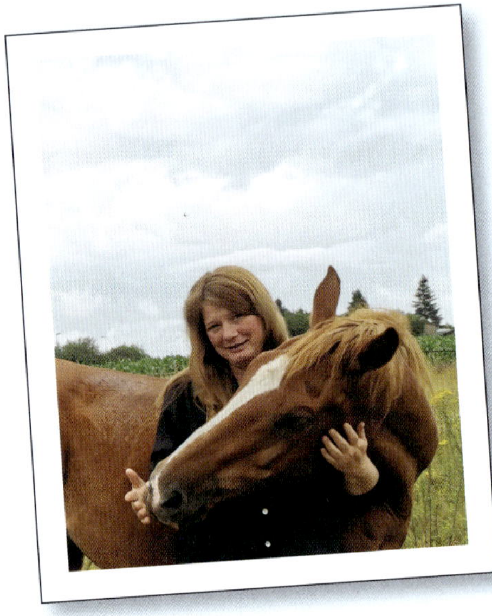

Stephanie Nadine Meißner

Stephanie Nadine Meißner wurde 1975 in Berlin geboren und wuchs dort auf. Sie hatte das Glück, als Stadtkind dennoch viel Zeit auf einem kleinen Dorf in Vorpommern verbringen zu dürfen. Dadurch ergaben sich für sie vielfältige Möglichkeiten, Tiere zu beobachten und mit ihnen in Kontakt zu kommen. Nach 3 Jahren mit Pflegepferden wurde mit 18 Jahren ihr Traum vom eigenen Pferd wahr.

Seitdem arbeitet sie intensiv an sich selbst, um immer besser mit den Pferden auf Körperebene kommunizieren zu können.

Heute lebt sie mit ihren Tieren in einem kleinen brandenburgischen Dorf. Sie ist als Sonderpädagogin tätig.

Die Reitschule

Die erfolgreiche **Ratgeberreihe** für alle Reiter und Pferdefans

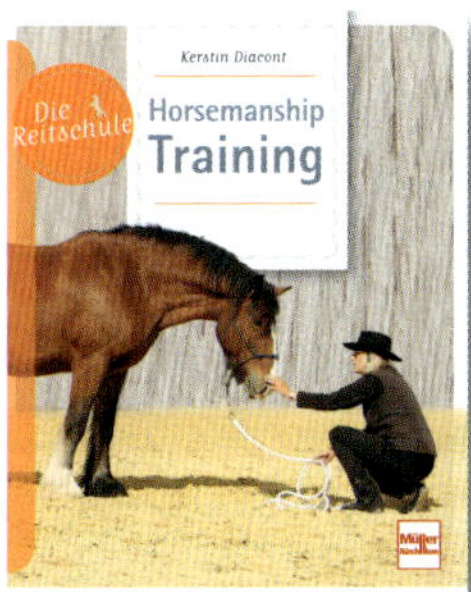

Kerstin Diacont
Horsemanship-Training
ISBN 978-3-275-02058-4

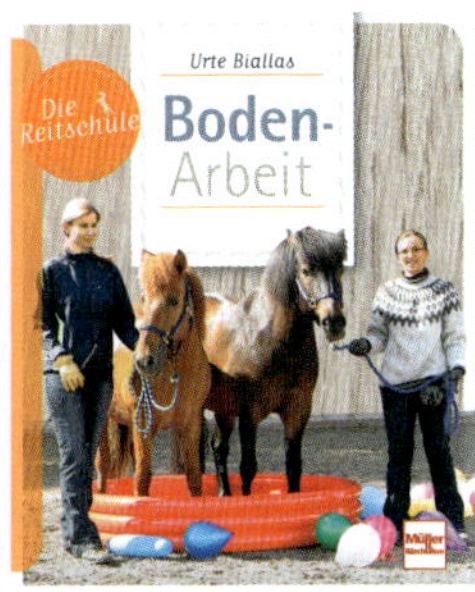

Urte Biallas
Bodenarbeit
ISBN 978-3-275-01708-9

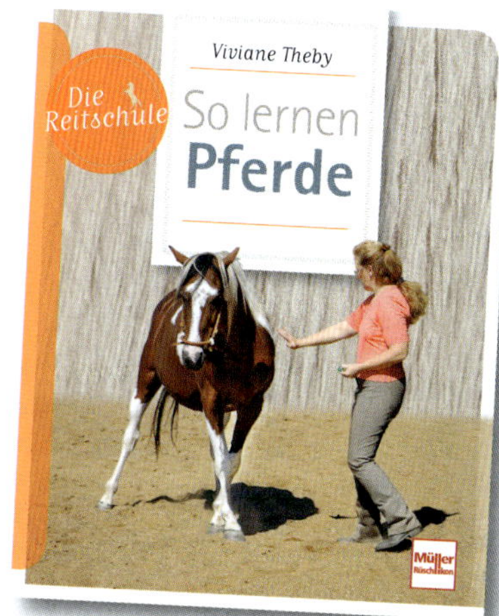

Viviane Theby
So lernen Pferde
ISBN 978-3-275-02081-2

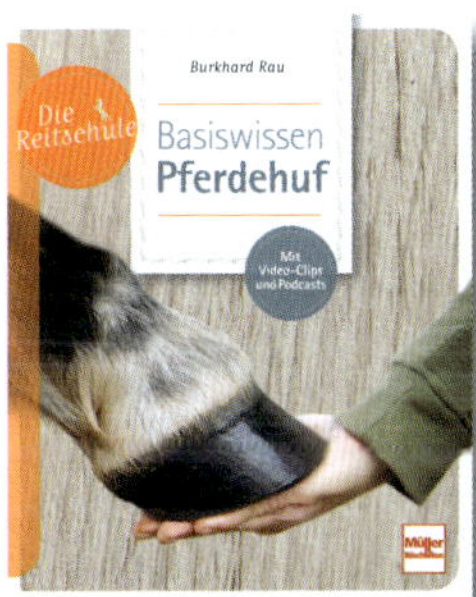

Burkhard Rau
Basiswissen Pferdehuf
ISBN 978-3-275-02296-0

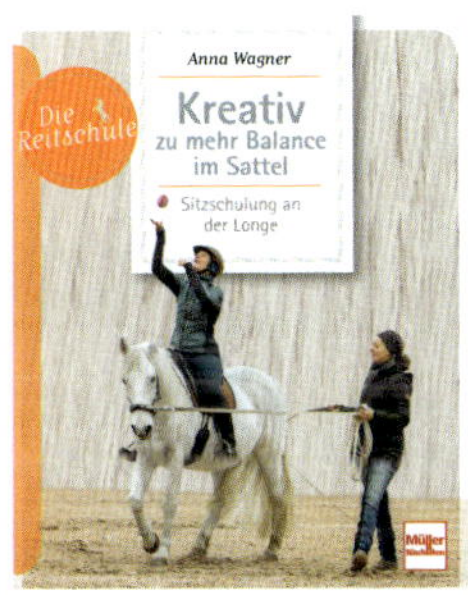

Anna Wagner
Kreativ zu mehr Balance im Sattel
Sitzschulung an der Longe
ISBN 978-3-275-02255-7

Jedes Buch mit 96 Seiten
ca. 80 Abb., broschiert
ab jeweils € 11,95 / € (A) 12,40

Änderungen in Preis und
Lieferfähigkeit vorbehalten.

Überall, wo es Bücher gibt oder
www.mueller-rueschlikon.de
Service-Hotline: 0711-78 992 151

Müller Rüschlikon

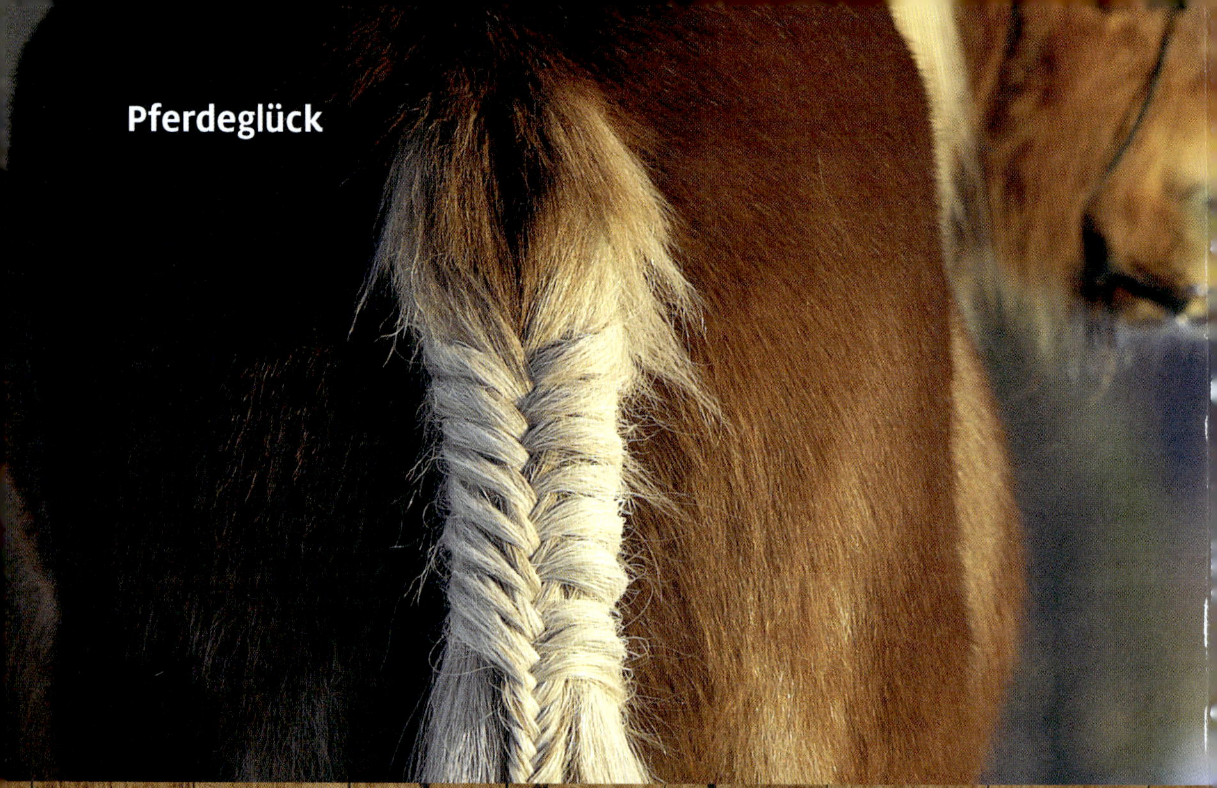

Pferdewissen

Zur richtigen Fürsorge für unsere liebsten Vierbeiner gehört auch die richtige Lektüre: in Cavallo steht alles, was die Pferdehaltung besser macht – und die Pferdeliebe intensiver.

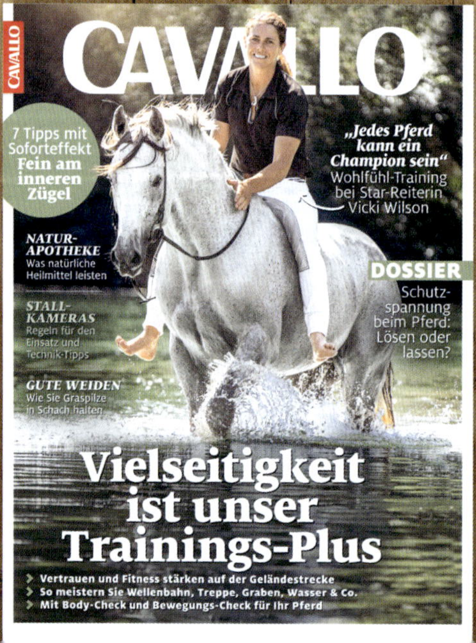

Jeden Monat am Kiosk oder am besten gleich im Abo.

Web: www.cavallo.de
Telefon: 0781 6396659
E-Mail: cavallo@burdadirect.de